筑摩選書

楢崎修一郎
Narasaki Shuichiro

骨が語る兵士の最期

太平洋戦争・戦没者遺骨収集の真実

骨が語る兵士の最期——太平洋戦争・戦没者遺骨収集の真実　目次

骨が語る兵士の最期——太平洋戦争・戦没者遺骨収集の真実

はじめに

兵士は二度死ぬ

『永遠の０《ゼロ》』をご存じだろうか。零戦のパイロットや教官として従軍し戦死した祖父について、二人の孫が戦歴をたどる物語である。作家・百田尚樹《ひゃくたなおき》氏の原作小説は二〇〇六年に出版され、その後二〇一三年に映画化、二〇一五年にはテレビドラマ化されている。この作品の影響で、厚生労働省では、孫たちからの祖父の戦歴証明の照会が増えたそうだ。

「人は二度死ぬ」という。一度目は肉体が滅んだ時。そして、二度目は誰もその人を顧みなくなった時だという。戦没者を二度死なせてはならない。現在生きている我々には、彼らのことを語り継いでいく義務があるのではないだろうか。アメリカでも、戦争中捕虜や戦争中行方不明者に関するポスターが今も貼られており、そこには「私たちは、あなたを忘れない」という言葉が書かれている。

私の両親はともに広島県出身である。私は子供の頃、毎年、夏休みになると両方の祖父母の家を訪ねていた。どちらの家にも共通していたのは、一人ずつ、軍服姿の遺影が飾られていたことだった。同じような光景を、祖父母の友人宅でも目撃した。私はたびたび「あれは誰なの？」と祖父母に質問していたらしい。

後に知ったことだが、父方の遺影は父の長兄で、陸軍中尉としてビルマ（現・ミャンマー）で戦死した。母方の遺影は母の叔父で、海軍中尉としてニューギニアで戦死した。

私は、父の仕事の関係で九州の大分県で生まれ、小学校は四校を転々とした。二番目の小学校は福岡県北九州市の小倉にあった。

ある日、父よりも年配の男性が小倉の我が家を訪ねてきた。父の長兄と同じく陸軍士官学校出身で、ビルマに出征していた同期の元陸軍将校だった。父に、長兄の戦死の様子を伝えに来てくれたのである。あいにく父は不在で、母が応対した。母が、「よくこの家がおわかりになられましたね」と尋ねると、「楢崎君そっくりの男の子がこの家に入っていったのですぐにわかりました」と答えられた。その方によると、退却中に敵軍の迫撃砲の破片が大腿部に突き刺さり、出血多量で戦死したという。軍医がすぐに駆けつけて治療にあたろうとしたが、「自分はもう駄目なので、重症の部下を優先してほしい」と伝えて息をひきとったそうだ。

身びいきと思われるだろうが、将校として立派な最期だと言える。私がかつて留学していたイギリスには「ノーブレス・オブリージュ（高貴なる者の義務）」という言葉がある。「社会的地位のある人間には義務がある」という考え方である。実際、先の大戦でも、イギリスの貴族階級出身の将校は他国に比べて戦死率が高かったという。

だが、いまだに最期の様子もわからない兵士の骨が、戦後七〇年以上が過ぎた現在も、太平洋地域を中心とした激戦の地、玉砕の島々には数多く眠ったままだ。

遺骨収集事業の現状

もちろん、兵士が「二度死ぬ」ことがないよう、日本政府も兵士の遺骨を収集してきた。敗戦後、日本人はしばらく海外に渡航することが禁止されていたため、海外渡航が許可された一九五〇年から、海外での遺骨収集が始まっている。

我が国における先の大戦の戦没者は、総数で三一〇万人と言われている（時々誤解をされている方がいらっしゃるが、この総数は旧軍人のみではなく、一般市民も含まれている）。このうち、海外での戦没者は二四〇万人だが、これには、硫黄島と沖縄の戦没者が含まれている。

そしてそのうち、収骨開始以来これまでに約一二七万人分の兵士の遺骨が収骨されている。したがって、まだ海外には約一一三万人分の遺骨が未収骨のまま眠っている。この未収骨のうち、飛行機や船で海没したために収骨が困難な数が約三〇万人、そして、中国や韓国など相手国の事情から収骨が困難な数が約二三万人と言われている。したがって、現在の遺骨収集の対象は、約六〇万人となる。

第二次世界大戦中、アメリカ軍は一六〇〇万人の兵士を動員し、四〇万人以上が戦死している。このうち、現在でも七万二〇〇〇人が行方不明だという。国防総省の指揮下にJPAC（米国戦争捕虜および戦争行方不明者遺骨収集司令部）という組織があり、人類学者や歯科医、考古学者約四〇〇人が働いている。国家の責任で、最後の一兵まで発見することに全力を注いでいるのだ。

そこで、戦後七一年目を迎えた二〇一六年三月二四日、国会で「戦没者の遺骨収集の推進に関する法案」が全会一致で可決された。この法案は、二〇一六年から二〇二四年度の九年間を遺骨収集強化期間と定め、法人を設立して遺骨収集を加速化させるという内容である。

この法人は、二〇一六年七月一日に、一般社団法人日本戦没者遺骨収集推進協会として発足した。この法人の理事は、遺骨収集を実際に行っている日本遺族会等八つの組織から一名ずつ選出され、監事には本書にもたびたび登場する日本青年遺骨収集団理事長の赤木衛《まもる》さんが選出されている。

兵士の帰還の歴史

これまで文章をお読みになり、遺骨収集の主体が防衛省ではなく厚労省であるのに疑問を抱かれた方もおられるかもしれない。

戦時、陸軍省と海軍省があり、対立していたことをご存じの方も多いだろう。一九四五年八月一五日、日本はポツダム宣言を受諾して終戦を迎えた。一九四五年一二月一日、陸軍省と海軍省は解体され、異国の戦地に取り残された将兵を祖国に復員させる目的で、陸軍省は第一復員省に、海軍省は第二復員省に改組された。当時、海外には旧陸軍将兵が約三〇八万人、旧海軍将兵が約四五万人、民間人約三〇〇万人の合計六五三万人が取り残されていた。

一九四六年六月一五日には、二つの省が統合されて復員庁となり、その中に二つの局が設置され、第一復員局は旧陸軍を、第二復員局は旧海軍を担当している。そして、翌年の一九四七年一月一五日に復員庁は廃止されて第一復員局は厚生省に移管され、第二復員局は総理府に移管された。その後、第二復員局は一九四八年一月一日に厚生省に移管され、すべての復員は厚生省復員局の管轄下に置かれた。一九四九年までに、約九九パーセントが帰国したという。

やがて、引き揚げ者が少なくなった一九五四年に引揚援護局に改組され、二〇〇一年には厚生労働省社会・援護局に改組されて現在に至っている。防衛省は、旧軍とは異なる別の組織として設置されたため、旧軍の継承者ではないという立場となっているのだ。

遺骨帰還のプロセス

具体的に遺骨が発見された場合、どうするのか。ここで説明しておきたい。まず、現地で遺骨が発見された場合、私のような法医人類学者が日本人か否かを鑑定する。その際、現地では「遺骨鑑定人」と呼ばれる。

遺骨と一緒に発見された遺留品は、基本的に氏名等が記されているものに限って持ち帰る。「遺留品」は、基本的に印鑑・万年筆・飯盒《はんごう》・水筒や軍服・軍靴《ぐんか》・認識票などを指す。指針には、御守・日記・手紙・写真・軍隊手帳なども含まれるが、現実には七〇年以上経った現在では、紙製あるいは布製のものは経年劣化しており、まず発見することは困難である。ただし、細かな規定は派遣される国により若干異なる。

日本人と鑑定された遺骨は、検疫法により、基本的に現地で火葬して焼骨《しょうこつ》として持ち帰る。ただし、DNA鑑定にかける歯や完全な四肢骨については、検体として焼かずに持ち帰る。そうしないと、歯や骨に含まれるDNAが破壊されてしまうからである。

身元の特定

DNAによる身元の特定は、二〇〇三年から実施されている。結果が公表されている二〇一六年までに、二〇四八の検体がＤＮＡ鑑定にかけられ、約半数の一〇〇七体の身元が判明しており、一〇四一体は否定されている。

ただ、これには地域差があり、一〇〇七体のうち、旧ソ連地域が九九六体、南方等が一一体と、約九九パーセントは旧ソ連地域からとなっている。これは、もともとシベリア等の寒い地域ではＤＮＡが破損しにくいことと、シベリア地域で埋葬された戦没者は生き残った元戦友が名前とともに地図を遺していたことと無関係ではない。

その点、南方地域の戦没者は名前はおろか戦没地までほとんどの情報がないというのが現実である。一緒にフルネームが書かれた遺留品がなければまず、特定は不可能である。

人類学者としての調査

私は、自然人類学を専門としており、これまで、シリア・ケニア・アメリカ・インドネシア等で古人骨の発掘調査に携わってきた。その経験から、戦没者の遺骨を鑑定する人類学専門員として日本人類学会より推薦され、二〇一〇年に厚生労働省の人類学専門員に就任した。さらに、二〇一七年からは日本戦没者遺骨収集推進協会の人類学専門員に就任し、これまで厚労省時代に一四回、推進協会時代に三回の合計一七回、遺骨収集の現場に派遣されている。

この一七回の内訳は次の通りである。樺太への一回を除いて、残り一六回はすべて太平洋地域である。

二〇一一年九月――マーシャル諸島ミリ島
二〇一二年九月――北マリアナ諸島サイパン島
　一二月――北マリアナ諸島サイパン島
二〇一三年二月――パラオ共和国ペリリュー島
　三月――北マリアナ諸島テニアン島
　三月――北マリアナ諸島サイパン島
　六月――パラオ共和国ペリリュー島
　一一～一二月――ロシア連邦樺太（サハリン州）
二〇一四年二月――ツバル共和国
　三月――ミクロネシア連邦ヤップ州ウォレアイ環礁
　九月――マーシャル諸島マジュロ環礁
　一〇月――ミクロネシア連邦チューク州
　一一月――マーシャル諸島クェゼリン環礁
　一二月――パラオ共和国ペリリュー島

二〇一七年八月――北マリアナ諸島サイパン島
九月――北マリアナ諸島テニアン島
二〇一八年三月――北マリアナ諸島テニアン島

私はこれらの地で、旧日本軍兵士および民間人約五〇〇体を鑑定してきた。この回数と鑑定数は本書刊行時で日本人研究者としては最多である。本書では、私の遺骨収集と鑑定におけるさまざまな体験をレポートしていくが、遺骨収集の現場は困難の連続であった。

例えば旧トラック諸島では、規則的に埋葬された墓地を発見したが、すでにタロイモ畑になっていたり家屋の床下になっていた。遺骨収集に反対する現地民も多く、許可が下りないこともしばしばである。だが、現地の人々の協力を得ることで、遺骨の場所にたどり着けることもある。ツバルで墜落した九六式陸攻のケースでは、墜落当時に埋葬した古老の証言通りに遺骨が墓地から発見された。

このような個別の発掘とは別に、サイパン島のように米軍によって集団埋葬された日本人兵士の収骨もあった。サイパン島タナパグ海岸では米軍は四三一一人もの日本人兵士の遺体をブルドーザーで埋葬した。日本軍の認識票は番号のみが記されているので、それだけでは身元が判明することは少ない。さまざまな骨の特徴や遺物、ＤＮＡ鑑定などを駆使して身元

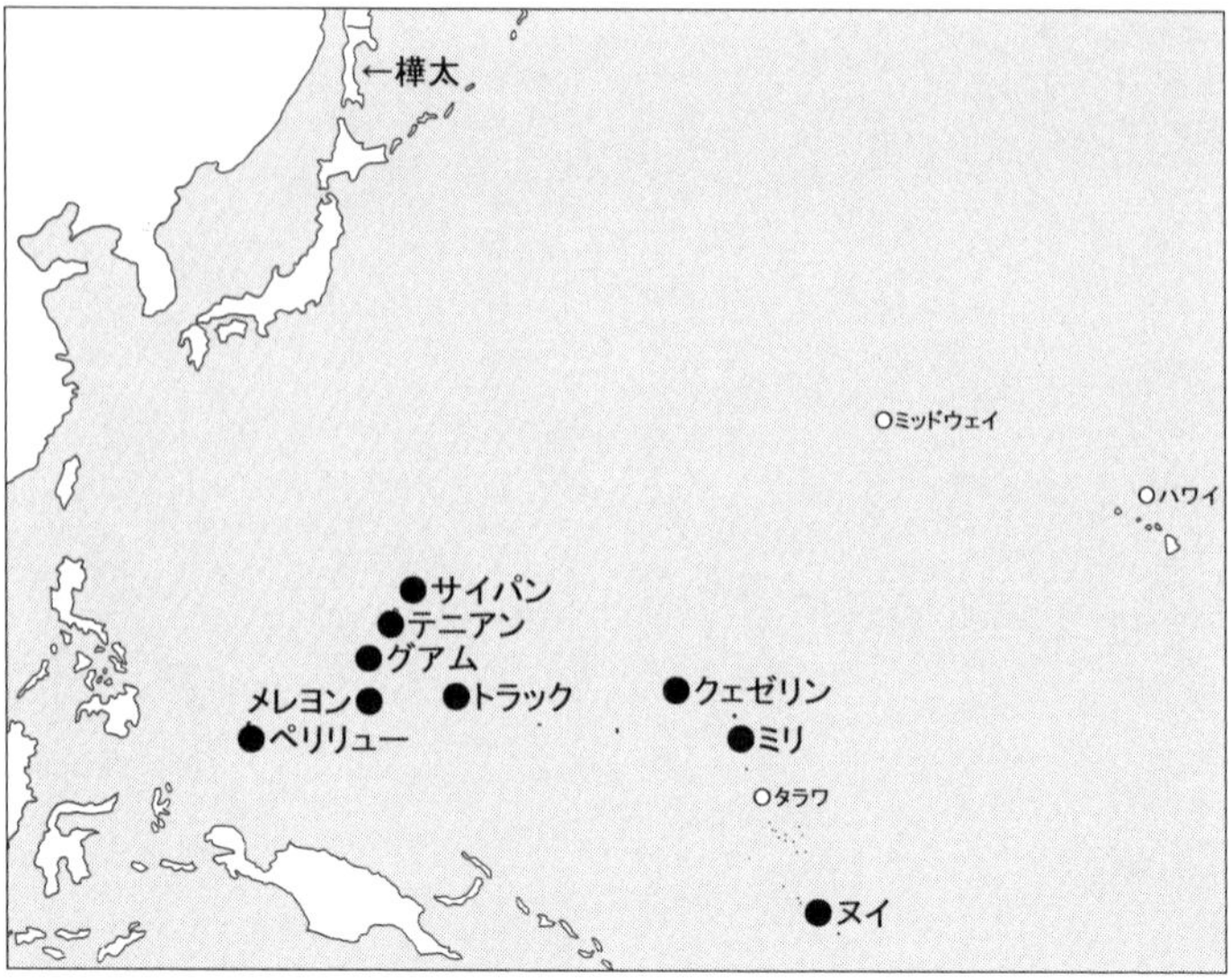

図0　遺骨収集で筆者が派遣された場所

を調べる。そうして、できる限り全員の兵士の帰還を目指して現在も調査が続けられているのだ。

本書の構成

第1章では、私が戦没者の遺骨収集に関わるきっかけとなった、幻のペリリュー島調査についてのいきさつを紹介し、日本と米国その他の遺骨収集の事情について概説する。

第2章では、骨を読むとはどういうことなのか、誰が遺骨を鑑定するのかについて、本書を読む前提となる知識を紹介したい。

第3章以下では、遺骨収集地での実体験を、上に挙げた派遣された順番にではなく、以下のように戦史の流れに沿う形で紹介する。なお、本書の図はすべて私がトレースして作成し、写真はすべて私が撮影したものである。

第3章　撃墜された攻撃機（一九四三年八月）――ツバル共和国ヌイ環礁、一回派遣

第4章　玉砕の島々

1　銃殺された兵士（一九四四年一月）――マーシャル諸島クェゼリン環礁、二回派遣

2　集団埋葬の島（一九四四年七月）――サイパン島、四回派遣

3　不沈空母の島（一九四四年八月）――テニアン島、三回派遣

4　天皇の島（一九四四年一一月）――パラオ共和国ペリリュー島、三回派遣

第5章　飢餓に苦しんだ島々

1　処刑も行われた島――マーシャル諸島ミリ島、一回派遣

2　日本のパールハーバー――トラック諸島（ミクロネシア共和国チューク）、一回派遣

3　水葬の島――メレヨン環礁（ウォレアイ環礁）、一回派遣

第6章　終戦後も戦闘が行われた島（一九四五年八月）――樺太、一回派遣

本書をお読みになり、戦没者遺骨収集の現場を少しでも知ってもらえれば幸いである。ま

た、ご賛同いただける方には、是非、ボランティアとして遺骨収集現場へのご参加をお願いしたい。そして、現場を実際に見て体験してほしい。きっと、ショックを受けるに違いない。日本は、敗戦後焼け野原の無一文から高度経済成長を経て、世界でも有数の豊かな国に回復した。にもかかわらず、戦後七〇年以上経っても太平洋の島々には今でも「骨」が野外に晒されている状態が続いている。

本当の戦後は、海の「水漬《みづ》く屍《かばね》」や山の「草生《くさむ》す屍《かばね》」をすべて収骨することでしか訪れない。犠牲となった兵士や民間人等の戦没者を忘れないためにも、英霊を一日でも早く、祖国にお迎えすることが我が国に課されている課題なのではないだろうか。

第1章

幻のペリリュー島調査

1　遺骨収集へのきっかけ

ペリリュー島調査の依頼

この章では、私が遺骨収集に携わるきっかけとなった幻のペリリュー島調査と、そもそも日本でなぜ人類学者が遺骨収集に関わっているのかを示す学会発表について紹介したい。

二〇一〇年、私は、日本人類学会から推薦されて、厚生労働省の人類学専門員に就任した。この人類学専門員は、かつての戦場で取り残されている戦没者の遺骨を鑑定する役目を担うが、すでに収骨されたものを鑑定するだけではなく、発掘調査にも携わる。

私がこの事業に一も二もなく協力を申し出たのには理由がある。話は、一九九二年に遡る。この年の四月、太平洋学会専務理事（元同学会理事長）の中島洋さんから電話があった。パラオのペリリュー島に行き、日米合同で日本軍兵士の遺骨収集を手伝ってほしいとの依頼であった。私の名前を、グアム大学の倉品博易《くらしなひろやす》先生から聞かれたとのことであった。

倉品先生は、日本生まれであるが、高校からアメリカに渡りカリフォルニア大学バークレー校で人類学を専攻して、やがてグアム大学の教授になられた考古学者である。現在もグアム大学名誉教授としてグアム在住である。余談だが、倉品先生の奥様は文化人類学者で、私が卒業したオレゴン大学人類学部の先輩である。アメリカの人類学は、日本と異なり幅が広く、私が専門としている自然人類学の他に、文化人類学・考古学・言語人類学という四つの分野を包括している。そのため倉品先生は、人類学者であるが考古学を専門とされている。

一九九〇年だったと思うが、その倉品先生が国立科学博物館人類研究部を訪ねてこられた。

図1-1　パラオ全図

私は当時、特別研究生としてその博物館に在籍しており、お話をうかがう機会があった。その際に、グアムで先住民のチャモロ人の人骨が多数出土しているが、その鑑定を誰か日本人にお願いしたいと倉品先生はおっしゃった。私はすぐにも行きたかったが、諸事情で行くことができず、その後、アメリカ人研究者がその鑑定にあたることになったという。

パラオへの出発前、中島さんと私は、東京の世田谷区代沢にある船坂《ふなさか》弘さんのご自宅を訪ねた。船坂さんは、戦争中、ペリリュー島から南にあるアンガウル島に駐屯していた方である。米軍は、ペリリュー島攻撃の翌々日の一九四四（昭和一九）年九月一七日にアンガウル島を攻撃した。当初は、アンガウル島を攻撃してからペリリュー島を攻撃する予定だったらしいが、そうするとペリリュー島から援軍が来ることを恐れて方針転換したという。このアンガウル島には約一二〇〇名の日本兵が守備していたが、約一カ月後の一〇月一九日に玉砕している。

船坂さんはこの島の守備隊の数少ない生き残りで、満身創痍となって米軍の捕虜になりながらも何度も脱走をはかり、敵である米軍兵士からも英雄として尊敬された人物だという。戦後は、渋谷に一坪の本屋を開業し、やがて本のデパートと呼ばれるようになった大盛堂書店を一代で築いた立志伝中の人物である。私も東京で学生時代に足繁く通った本屋である。現在は場所も規模も異なるが、当時は地下一階にミリタリーコーナーがあった。創業者の強い信念に基づいてのものだったのだ。ちなみに船坂さんは、作家の三島由紀夫の剣道の師匠だったそうで、三島が自決した時に使った名刀「関ノ孫六」は、船坂さんが贈呈したものだという。船坂さんは、ペリリュー島やアンガウル島での戦記を多数出版し、その印税はすべて、両島での遺骨収集に費やしたそうだ。
船坂さんからペリリュー島の話をうかがって、我々はパラオへと向かった。

調査の許可が下りず

一九九二（平成四）年七月四日、中島さんと私は成田空港からグアム島へ出発し、グアムに一泊した。現在では、パラオへは成田空港から直行便があるが（二〇一八年五月で廃止）、当時はグアム島で一泊して、翌日、ヤップ島経由でパラオの首都コロール（当時。現在はマルキョク）に到着した。片道二日間の行程である。コロールには、戦争中、南洋庁が置かれており、約二万五千人の日本人が居住していたという。

ここで、米国からの研究者たちと合流した。調査団は、グアム大学の歴史学者のダーク・バレンドルフ先生、米国国立公園局の戦跡考古学者のダグラス・スコット先生、ニューヨーク州立大学バッファロー校の自然人類学者のジョイス・シリアーニ先生の三名である。スコット先生は戦跡考古学者であり、一八七六年にモンタナ州のリトルビッグホーンの戦いで命を落としたジョージ・アームストロング・カスター将軍の戦跡研究で著名であった。また、シリアーニ先生は自然人類学者であり、このペリリュー島調査の翌年の一九九三年から九五年にかけて、人類学の分野では世界最大のアメリカ自然人類学会の会長を務めた。

写真1-1　1992年時の調査団。左から筆者、中島洋、ダグラス・スコット、ダーク・バレンドルフ、ジョイス・シリアーニ。

調査団の目的は、まだ開けられていない洞窟を日米双方で科学的に調査をするという、野心的なものだった。このペリリュー島調査の実施に、我々は自信を持っていた。それは、バレンドルフ先生の奥様は現パラオ大統領のトーマス・レメンゲサウ大統領のお姉さまであったからである。

ところが、現地でいざ交渉となると、調査の許可が下りなかった。当時のパラオはまだ独立前であり、レメンゲサウ氏も当時は一議員であるため強力に推すことはできなかったようだ。当時のパラオ政府の考えは、ペリリュー島全体が墓地であるという見解だった。現在では積極的に遺骨収集が認められていることと比べると、隔世の感がある。

だが、調査はできなかったが、パラオやペリリュー島のさまざまな遺跡を回ることができた。私にとっては、これが後の調査に役立った。その後、一九九九年にもプライベートでペリリュー島を訪問した。

そして、ようやく、二〇年後の二〇一三年三月と同年六月、二〇一四年一二月と三回にわたってペリリュー島の遺骨収集に携わることができた（第4章4参照）。二〇年の時を経ての調査は、感無量であった。

太平洋学会理事長の中島洋さんはその後、二〇一六年一一月二九日に逝去された。中島さんがペリリュー島調査にお誘いくださらなかったら、私が遺骨収集を始めるきっかけはなかった。その意味で恩人である。「私の名前には、太平洋の洋が入っている」とおっしゃっておられたように、太平洋の生き字引だった。私は主に太平洋を中心に遺骨収集を行っているが、太平洋学会編による『太平洋諸島百科事典』（一九八九年）、『太平洋諸島入門』（一九九〇年）や、中島さんご自身の著書『サイパン・グアム　光と影の博物誌』（二〇〇三年）は、座右の書となっている。

2　各国の遺骨収集の比較

シンポジウム「戦没者遺骨収集事業と人類学」

二〇一二年一一月二日、第六六回日本人類学会大会が慶應義塾大学日吉キャンパスで開催された。この学会で、私は国立科学博物館の坂上和弘さんと共同オーガナイザーとしてシンポジウム「戦没者遺骨収集事業と人類学」を開催した。百年以上の歴史がある日本人類学会でも、初のテーマである。

この学会の報告が、日本の戦没者遺骨収集と人類学の関わりをまとめていたので、以下に紹介したい。

通常の学会では、午後五時ぐらいにすべてのプログラムが終了するが、この回は通常よりもシンポジウムが多く開催されたため、我々のシンポジウムは午後五時二〇分から七時五〇分という夕方の開催となった。しかも、その他にもいくつかのシンポジウムが並行して開催されたために、聴衆が集まるかどうか心配だった。しかし、会員の関心も高いのか会場を埋め尽くすほどの聴衆を得て安心した。プログラムは以下の通りである。

「経緯説明」山口昌巳（当時、厚労省社会援護局援護企画課外事室長）

「国内の遺骨収集事例――沖縄」染田英利（防衛医大）・譜久嶺忠彦（琉球大・医）・石田肇（琉球大・医）

「海外の遺骨収集事例――制度前のマーシャル諸島とキリバス」片山一道（京大名誉教授）

「海外の遺骨収集事例――制度後のマーシャル諸島とサイパン」楢崎修一郎

「海外の遺骨収集事例――制度後のパラオ・ペリリュー島」坂上和弘（国立科学博物館）

「海外の遺骨収集事例――制度後のキリバスとサイパン」土肥直美（琉球大・医）

「海外の遺骨収集事例――制度後のフィリピン」橋本正次（東京歯科大・歯）

「ＤＮＡ鑑定による戦没者遺骨の身元確認」――梅津和夫（山形大・医）

まず、私が趣旨説明を行った。先の大戦で我が国の戦没者数は約三一〇万人を数えるが、そのうちの約七七パーセントにあたる約二四〇万人が海外で戦没したと推定されている。この数字には、軍人だけではなく、民間人も含まれている。これまでに、約半数にあたる約一二七万人分の遺骨が収集されて日本に帰還している。しかしながら、いまだに一一三万人が現地に眠ったままである。これは「はじめに」で述べた通りである。

次に、厚生労働省社会援護局援護企画課外事室の外事室長（当時）の山口昌巳さんによる経緯説明が行われた。二〇一〇年に厚生労働省は、日本人類学会に遺骨収集に対する協力を求め、外事室の人類学専門員として委嘱関係を結んだ。その業務は、日本人戦没者と思われる遺骨を人類学的に鑑定することにある。遺骨収集の地域で、相手国側に人類学者や法医人類学者がいる場合は相手国側で鑑定を行う。

したがって、人類学専門員が派遣される場合は、相手国側に人類学者がいない地域に限られる。ただ、それ以前にも人類学者による遺骨鑑定は行われていた。プログラムのタイトルにある「制度前」と「制度後」とは、二〇一〇年以前と以後を示している。

続いて、それぞれの事例報告が行われた。発表者の発表時間は、それぞれ一七分とされた。

国内の遺骨収集事例では、沖縄の報告が防衛医大の染田《そめだ》英利《ひでとし》さん、琉球大学医学部の譜久《ふく》嶺《みね》忠彦さん、同石田肇さんによる共同で行われた。国内では、沖縄の他に日米による激戦が行われた硫黄島の遺骨収集が有名である。ところが、この硫黄島ではすでに米兵の収集はほとんど終了しており、残されたのは旧日本兵のみであるという理由から人類学専門員は派遣されていない。ちなみに、この硫黄島では民間人は激戦前に島から避難しており、犠牲者は一人もいないとされている。

一方、沖縄は、民間人も巻き込んで地上戦が行われているため、沖縄における遺骨収集は、厚生労働省によるものと民間ボランティアによるものがある。問題は、隆起性珊瑚でできている沖縄には多くの洞窟があり、その洞窟内でも多くの方々が犠牲になっていることである。この洞窟内には、時々、先史時代の人骨が埋葬されていることがあるため、この古代人のものが日本人戦没者として掘り出されてしまう事例があるという。

そこで、二〇一一年に沖縄県が遺骨収集情報センターを設置して、民間ボランティア団体による遺骨収集の情報を一元管理しはじめ、厚生労働省が染田さんたちに委嘱してボランティア団体が収集した人骨を鑑定しているのだという。

京都大学名誉教授の片山一道さんは、マーシャル諸島とキリバスでの遺骨収集について報告した。ちなみに、キリバスの首都はタラワで、太平洋戦争の激戦地として有名である。マーシャル諸島のミリ環礁やキリバスでは、すでに現地で収集された人骨を鑑定した。このうちミリ環礁では、寛骨《かんこつ》近辺から認識票が出土し、身元が判明したという発表がなされた。

続いて私が、二〇一一年のマーシャル諸島ミリ環礁と二〇一二年のサイパン島での遺骨収集について報告した。どちらも、収集された人骨を鑑定したのではなく、発掘調査を行って収集した。ミリ環礁では八体が、サイパン島では一三五体が収骨された。

国立科学博物館の坂上和弘さんは、パラオのペリリュー島について発表した。二〇〇四年以降数回にわたり調査を行ってきた。特に、二〇一一年には、古代人骨と推定される人骨も発見している。

土肥《どい》直美《なおみ》さんは、二〇一〇年のキリバスでの遺骨収集と二〇一一年のサイパンでの事例について報告した。特にサイパンでは、現場での収骨数と鑑定による収骨数で二倍の差があることが判明している。

橋本正次《まさつぐ》さんは、二〇一一年にフィリピンに派遣され、日本人かどうかの鑑定を行った。しかし人骨には、老人や子供が含まれており、日本人ではなく現地人の骨が混在していると報告した。

最後に梅津和夫さんが、DNA鑑定の実態について報告した。

こうして概観すると、日本による国内外の遺骨収集は、地域によってじつにさまざまに行われてきていることがわかる。

各国による遺骨収集

では、日本以外の国々での遺骨収集の現状はどうだろうか。結論から先に申し上げると、現時点で大掛かりに遺骨収集に取り組んでいる国は、日本とアメリカの二カ国しかない。

アメリカは、米国国防総省捕虜・行方不明者調査局という組織をハワイに持ち、第一次世界大戦・第二次世界大戦・朝鮮戦争・ベトナム戦争・湾岸戦争等で、捕虜あるいは行方不明となった兵士を捜索し続けている。例えば、第二次世界大戦では約一六〇万人の米軍兵士が参戦したが、四〇万人が戦死し、終戦後の時点で七万九〇〇〇人が行方不明であった。現在でも七万二〇〇〇人が行方不明だという。ただ、日本の行方不明者とは二桁も異なっている。

私は、二〇一三年にマーシャル諸島のクェゼリンで遺骨収集に携わった際、基地のカフェテリアの入り口に戦争捕虜および行方不明者のための食事を用意していることに感銘を受けた。日本的に言えば、いわゆる陰膳《かげぜん》である。また、ポスターには「私たちは、あなたを忘れない」という文字があり、これにも感銘を受けた。

日本と同じく敗戦国のドイツはどうだろう。多くのドイツ兵が戦後シベリアに送られ、大多数がシベリアで死去している。だが、ドイツでは基本的にシベリアが終焉の地として捉えており、積極的な遺骨収集は行われていないという。しかし、そのドイツでも国内においては最近、戦没者の収骨を行っている。また、ロシアでは第6章で紹介するように、ボランティア団体が旧ソ連兵・日本兵にかかわらず遺骨収集を行っている。

第2章

骨を読む

1　遺骨は誰が鑑定するのか

法医学と法医人類学

遺骨を鑑定する際、鑑定人はいったいどのような人たちで、どこをどのように鑑定しているのか、ご存じの方は少ないだろう。そこで、この章ではその基礎的な知識をまとめておきたい。

「法医学」は、最近のテレビドラマでかなり有名になったのではないだろうか。法医学は医学の一部で、主に死体から、個体数・性別・死亡年齢・死因・民族等を推定する学問である。ちなみに、主に死体の歯から推定する学問を「法歯学」と呼ぶ。

一方、「法医人類学」は、白骨死体、つまり骨や歯から法医学や法歯学と同様な情報を推定する学問である。私は、広義の人類学に含まれる法医人類学を専攻している。実際の仕事としては、日本各地の遺跡から出土する発掘人骨を多数鑑定し、報告書を書いている。

戦没者の遺骨鑑定には、人類学の大先輩たちがいる。元東京大学教授の埴原和郎《はにわらかずろう》先生・元立教大学教授の香原志勢《こうはらゆきなり》先生・元米国中央鑑識研究所の古江忠男先生である。

この三人の先生方は、一九五〇年から五三年にかけての朝鮮戦争におけるアメリカ人戦没者の遺骨鑑定を行われている。その鑑定の詳細は、埴原先生による『骨を読む』（中公新書。後に『骨はヒトを語る』と改題のうえ講談社＋α文庫。本章のタイトルは、埴原先生の本のタイトルにならった）を参照されたい。残念ながら、三人の先生方ともすでに鬼籍に入られた。中でも、埴原先生と香原先生のお二人には、私も生前お世話になった。

人骨の数

人骨の数は、生まれたばかりの新生児では約三五〇個あるが、成長が進んで成人になると最終的には約二〇六個となる。「約」とつけたのは、ヒトには変異があるため、時々人によって骨の数が異なるからである。ただし、この約二〇六個には歯の数は含まれていない。

歯には、乳歯と永久歯があり、一般的に乳歯は二〇本、永久歯が三二本萌《は》えるため、全部で五二本の歯があることになる。最近有名な「八〇二〇運動」とは、八〇歳の時に二〇本の永久歯（三二本中）が残っているようにしようという運動である。もっとも、この歯も骨と同様に個人変異があるため、俗に親知らずと呼ばれる奥歯（第三大臼歯《だいきゅうし》）の場合、持っていても萌えない人もいるし、先天的に欠如している人もいる。

骨の場合、頭蓋《とうがい》に二九個、体幹に五一個、上肢《じょうし》に六四個、下肢《かし》に六二個の骨がある。頭蓋は、頭骨《とうこつ》と下顎骨《かがくこつ》の二つになっている場合が多いが、遺跡や遺骨収集の場合は破片になっている場合が多い。体幹の場合、比較的形を残したままが多い。上肢の場合、上腕骨・橈骨《とうこつ》・尺骨《しゃっこつ》は身長推定に役立つ。下肢の場合、大腿骨・脛骨《けいこつ》・腓骨《ひこつ》が身長推定に役立つ。

成人の骨二〇六個のうち、両手に五四個の骨が、両足に五二個の骨があり、全総数の約半数にあたる一〇六個の骨がある。遺骨収集をしていると、この小さな骨が多く出土する場合

頭蓋［29］	脳頭蓋［8］	前頭骨	1
		頭頂骨	2（左右）
		後頭骨	1
		側頭骨	2（左右）
		蝶形骨	1
		篩骨	1
	顔面頭蓋［15］	頬骨	2（左右）
		上顎骨	2（左右）
		鼻骨	2（左右）
		口蓋骨	2（左右）
		涙骨	2（左右）
		下鼻甲介	2（左右）
		鋤骨	1
		下顎骨	1
		舌骨	1
	内耳［6］		6（左右）
体幹［51］	脊柱［26］	頸椎	7
		胸椎	12
		腰椎	5
		仙骨	1
		尾骨	1
	胸郭［25］	胸骨	1
		肋骨	24（左右）
上肢［64］	上肢帯［4］	鎖骨	2（左右）
		肩甲骨	2（左右）
	腕部［6］	上腕骨	2（左右）
		橈骨	2（左右）
		尺骨	2（左右）
	手部［54］	手根骨	16（左右）
		中手骨	10（左右）
		指骨	28（左右）
下肢［62］	下肢帯［2］	寛骨	2（左右）
	腿部［8］	大腿骨	2（左右）
		膝蓋骨	2（左右）
		脛骨	2（左右）
		腓骨	2（左右）
	足部［52］	距骨	2（左右）
		踵骨	2（左右）
		足根骨	10（左右）
		中足骨	10（左右）
		趾骨	28（左右）

表2-1　人間の骨の数と名称

が多い。恐らく、以前行われた遺骨収集での取りこぼしであろう。骨をよく知らないとそれらの形は人間の骨とはわからず、獣骨と思われるのかもしれない。

2 骨の読み方

遺跡での人骨や遺骨収集では、骨を読むことが重要である。訓練を受けている人と受けていない人では、同じ骨を見ていても、そこから得られる情報が異なる場合が多い。実際、多くの人類学者は、頭骨・歯・四肢骨《ししこつ》と部位ごとに専門を決めている場合が多く、専門分野以外の骨は詳しくわからないということが多くある。

私の場合、頭骨は鈴木尚《ひさし》先生、歯は佐倉朔《はじめ》先生、四肢骨は遠藤萬里《ばんり》先生・木村賛《たすく》先生・馬場悠男《ひさお》先生・平本嘉助《よしすけ》先生と、それぞれ別の先生に習ったため、何とかすべての部位の骨を人並に読むことが可能である。

遺骨から骨を読む際に重要な情報はいくつかある。すなわち、個体数・性別・死亡年齢・生前の身長・死因・古病理・民族等である。以下に説明しよう。

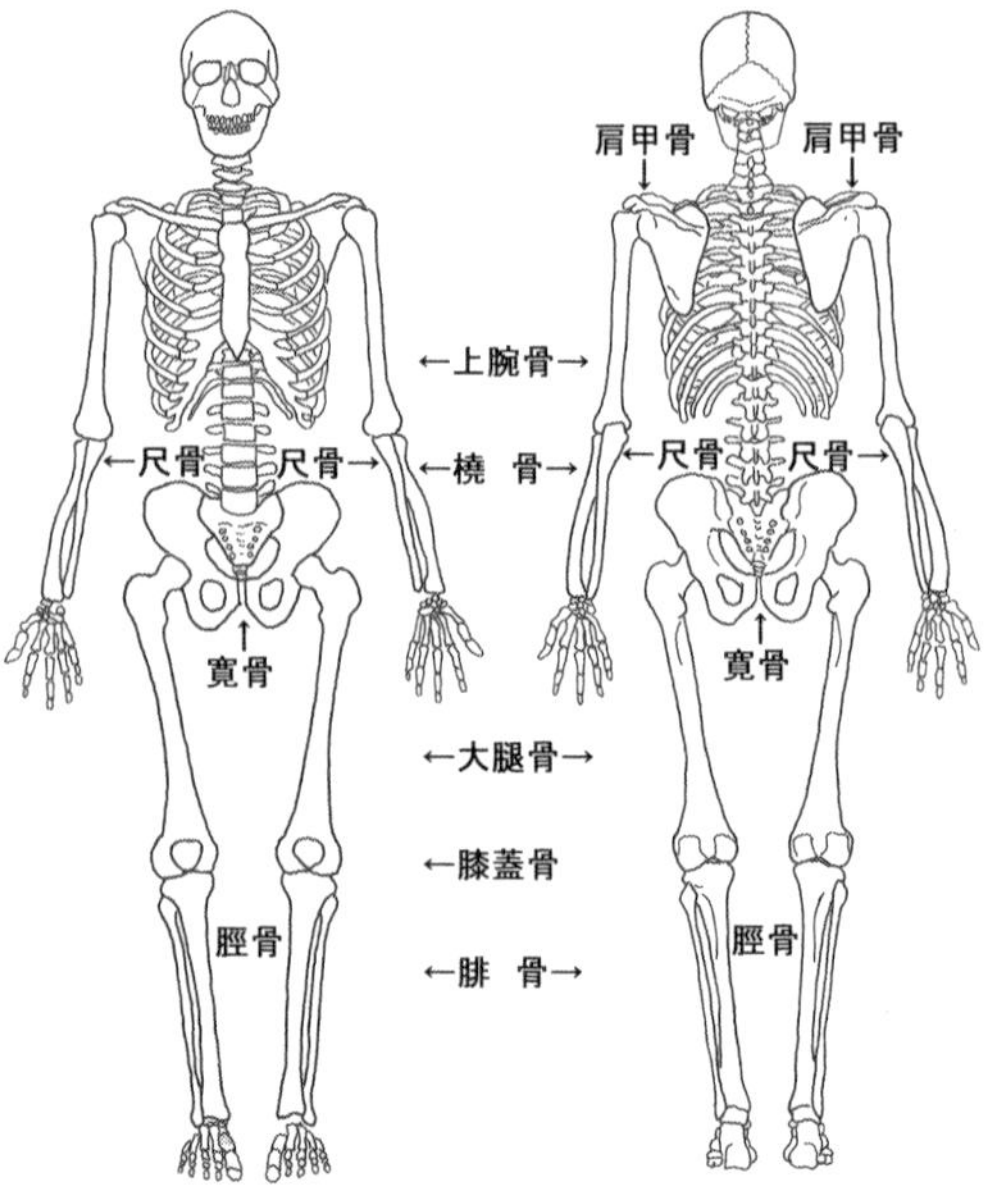

図2-1　全身骨格の主な名称

個体数

多くの遺跡では、土《ど》坑墓《こうぼ》と呼ばれる墓があり、その中に遺体が埋められており、遺骨が発見される。通常、一つの墓に一体という場合が多い。ところが、遺骨収集の場合、例えば後に紹介するサイパン島では、多くの日本軍兵士をブルドーザーで掘った大きな溝に数十人という単位で埋葬した集団埋葬墓が発見される場合がある。また、サイパン島やテニアン島のように日本軍兵士のみならず民間人多数が犠牲になっている場所では、子供から成人まで、中には胎児までの遺骨が出土する場合がある。

遺骨鑑定が困難な場合は、自分で発掘するのではなく、すでに収骨されている場合である。この場合、どれだけ同じ部位の骨が出土しているかで個体数を推定する。例えば、右大腿

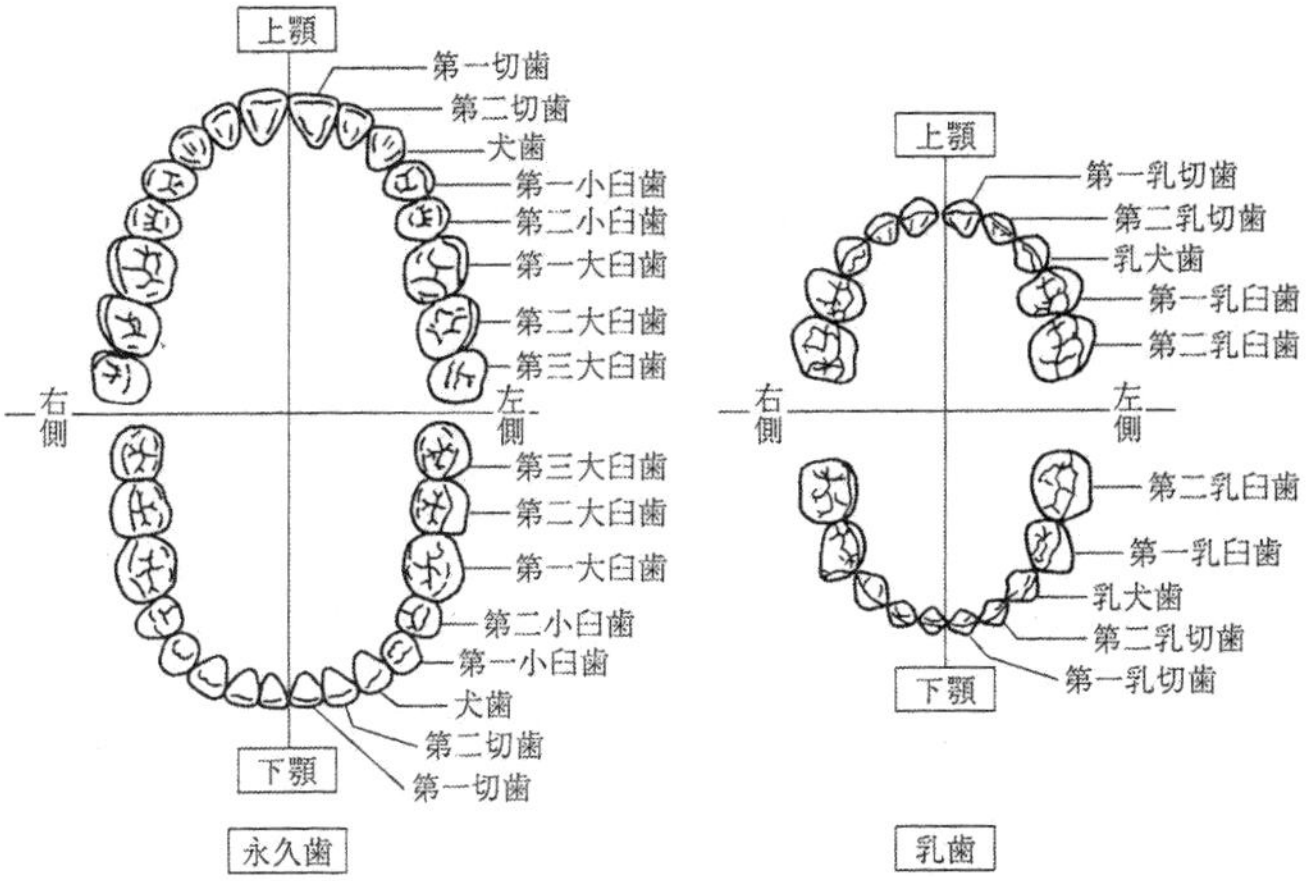

図2-2　歯の名称

骨が四点・左大腿骨が三点出土した場合、最小個体数は四体ということになる。ただし、これは全員が成人男性や成人女性の場合であり、実際には、右大腿骨四点が全部成人男性で、左大腿骨三点が全部成人女性の場合、最小個体数は七体ということになる。さらに、これに死亡年齢が異なる子供の骨が混ざっているともっと複雑になる。その点から考えると、サイパン島やテニアン島は、遺骨鑑定でも最も難易度が高い。

性別

通常の南の島では、ほとんどの場合、旧日本軍兵士の男性しか出ない。しかし、民間人多数の戦没者が出ているサイパン島やテニアン島では、個体数を割り出す上でも、性別推定が重要になる。

常識的に、男性は女性よりも大きい。もっとも、時には小柄な男性や大柄な女性も出土することがある。この性別の推定を行うのに一番良い部位は、寛骨《かんこつ》である。この違いは、女性の寛骨の形態が子供を産めるように男性の寛骨とは大きく異なるからである。全体的に男性は頑丈で上下に高く横に狭いが、女性は華奢で上下に低く横に広いという特徴がある。

寛骨の耳状面前溝《じじょうめんぜんこう》は、女性の場合に多く認められるが、これは、子供の妊娠および出産に関連が深いと考えられている。女性であるのにこの耳状面前溝がない場合は、妊娠・出産を経験していない場合が多い。

この寛骨の次に、頭骨・歯・四肢骨と続く。頭骨では、やはり男性は大きく頑丈であるが、女性では小さく華奢である。例えば、額の部分の前頭骨は、横から見ると、女性では垂直に立っているのに対し、男性では後ろに後退している。また、耳の穴の後ろにある乳様突起《にゅうようとっき》は、男性では大きく頑丈であるのに対し、女性では小さく華奢である。

歯の場合、やはり、大きさが異なり、男性の方が女性よりも大きい。骨と異なり、歯の場合はわずかにミリ単位の違いだが、多くの歯を鑑定していると、計測しなくても一見でわかる場合が多い。

寛骨以外の四肢骨では、やはり、男性の方が女性よりも大きく頑丈である。

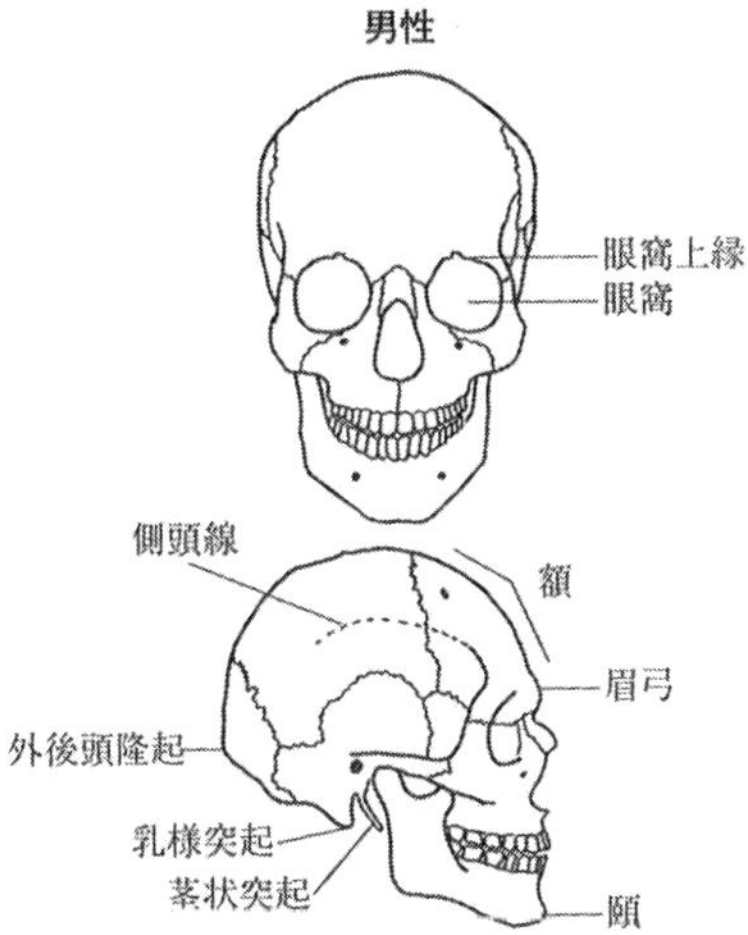

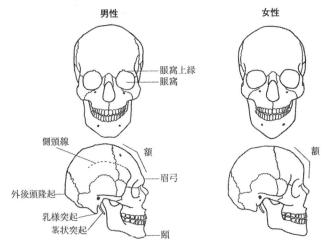

図2-3　男女の頭蓋

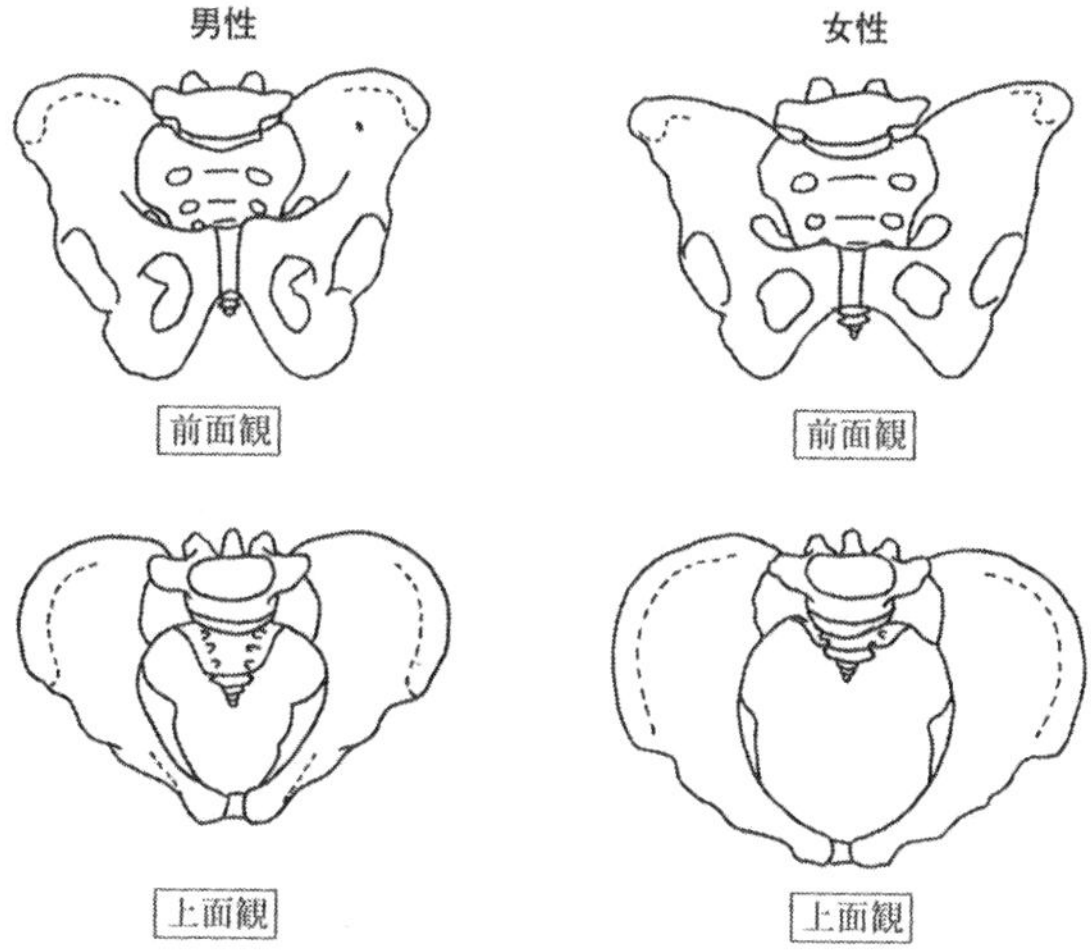

図2-4　男女の骨盤

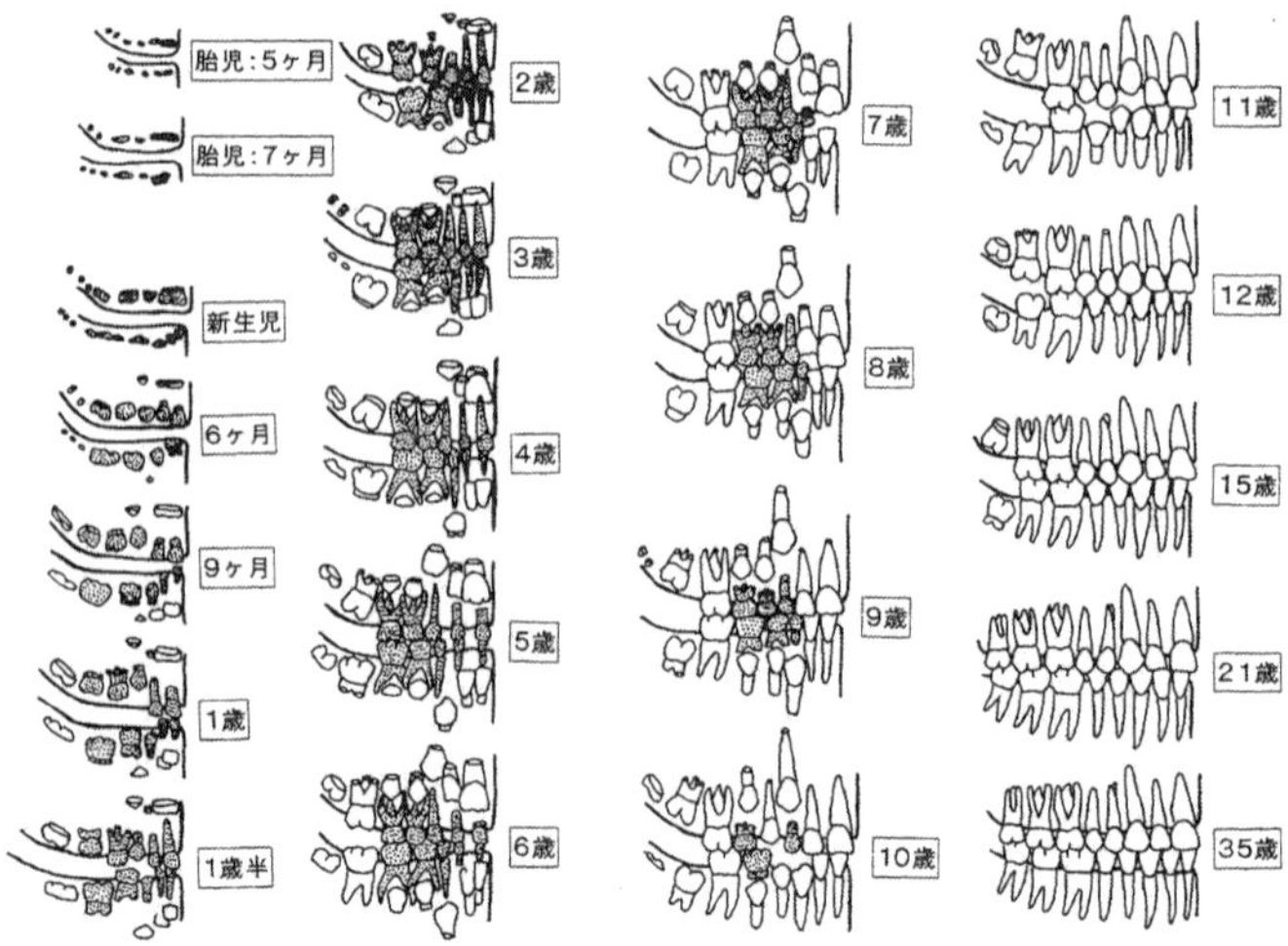

図2-5　歯の萌出（網カケは、乳歯）

死亡年齢

死亡年齢は、子供の成長期であれば歯の萌出《ほうしゅつ》状態でかなり正確に推定が可能である。通常、歯は白くエナメル質でできている歯冠《しかん》から形成され、その後、根っこの部分である歯根が形成される。この形成状態や、乳歯と永久歯の状態で推定できるのである。例えば、奥歯と呼ばれる大臼歯は、第一大臼歯が約六歳で、第二大臼歯が約一二歳で、親知らずと呼ばれる第三大臼歯が一八歳以上と、「六」の倍数で萌えることが知られている。

萌出状態で推定できる年齢は約二〇歳までで、それ以上の年齢になると、歯の咬耗《こうもう》度《ど》、つまり、歯の磨り減り方で推定する。

これには、さまざまな推定方法があるが、一般的に若い個体では咬耗が全くないかあるいは、エナメル質のみにしか認められない。年齢が高くなると、エナメル質の下にある象牙質が点状あるいは線状に顔を出してくる。さらに年齢が高くなると、エナメル質がなくなり、象牙質が面状に広がる。これらの度合いから、死亡年齢を推定する。ただし、この歯の咬耗度は生前に食べた食物にもよるので、実際は古代人と現代人では異なることを頭に入れておかなければならない。

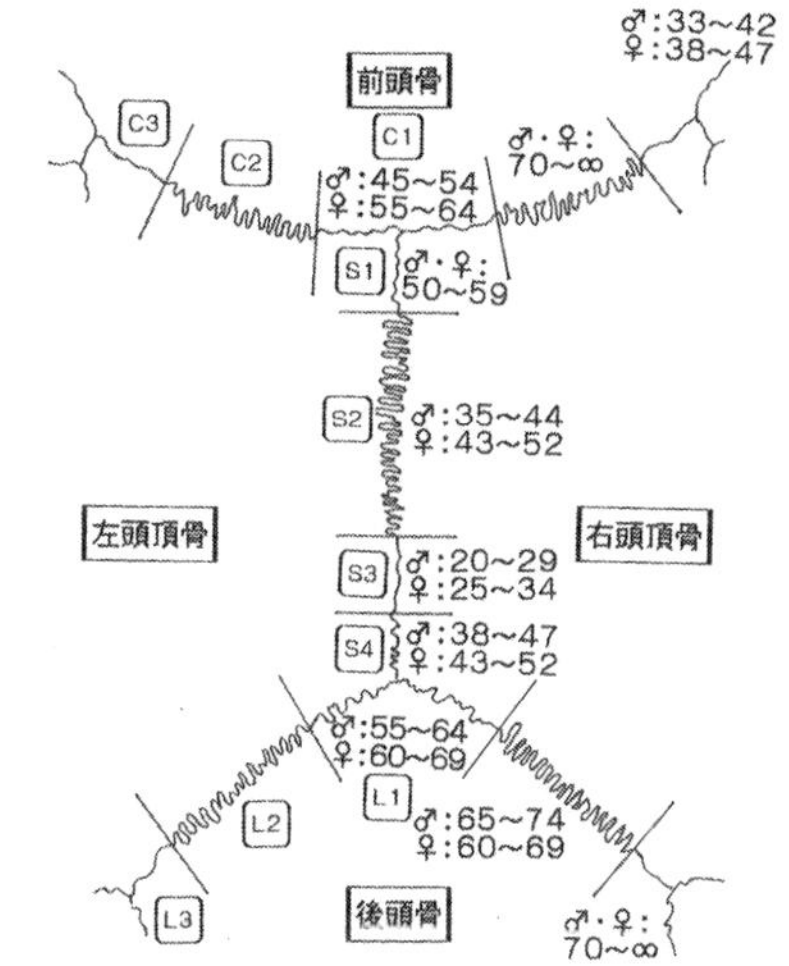

図2-6　頭蓋縫合の閉鎖年齢

　また、頭蓋骨の縫合の癒合《ゆごう》具合でも死亡年齢の推定が可能である。例えば、頭蓋骨の上部は、前頭骨・左右頭頂骨・後頭骨の四つで構成されている。前頭骨と左右頭頂骨の間は前頭縫合が、左右頭頂骨の間は矢《し》状《じょう》縫合が、左右頭頂骨と後頭骨の間はラムダ縫合という縫合がある。これらの縫合は、若い時は癒合していないが、歳をとると、内板と呼ばれる内側から癒合をし始め、やがて外板と呼ばれる外側も癒合する傾向がある。この癒合状態によって死亡年齢の推定が可能である。ただし、個体差が大きいという研究もある。上顎骨《じょうがくこつ》にある切歯縫合は、もし癒合していれば少なくとも約三〇歳以上と推定される。

さらに、歯と同様に、成長期の時は四肢骨の成長段階でかなり正確に死亡年齢を推定することが可能である。この四肢骨には、マジックがある。小学校高学年から中学校低学年の頃、女子の方が男子よりも背が高いという記憶はないだろうか。これは、成長のマジックで、その頃、女子は男子よりも成長が早いのだ。だがその後、女子の成長は止まるが、男子は高校生になっても成長が止まらないため、最終的に背も男子が高くなるのである。

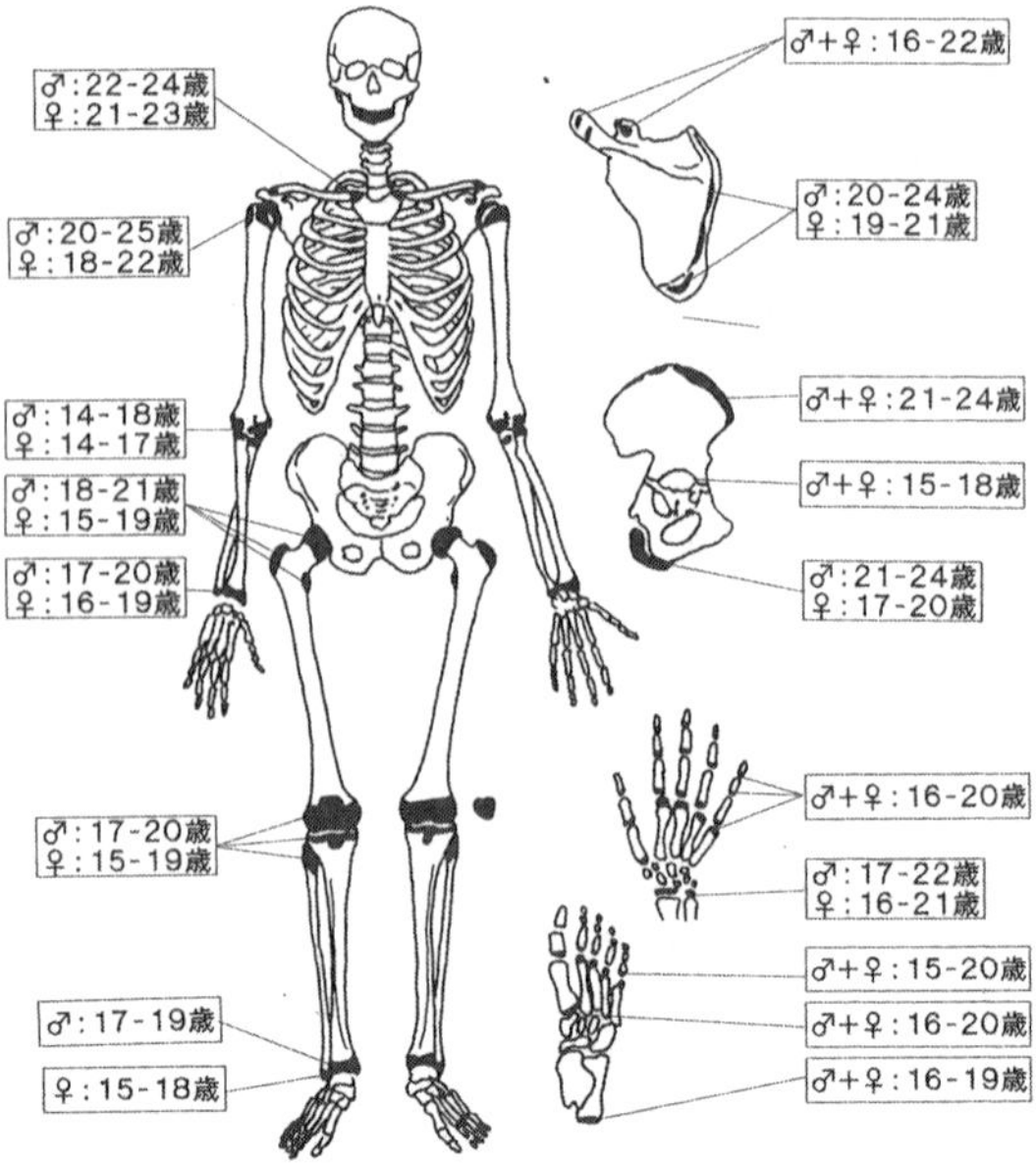

図2-7　四肢骨の骨端部の癒合年齢

この他、歯や骨の組織を観察したり、X線で観察して死亡年齢を推定する方法があるが、遺骨収集の現場では、このような検査をするラボがないために、どうしても肉眼観察で行わなければならない。

身長

四肢骨がよく残っていれば、その最大長から生前の身長を推定することが可能である。主な四肢骨は、上肢では上腕骨・橈骨・尺骨《しゃっこつ》を、下肢では大腿骨・脛骨・腓骨を用いるが、実際の身長と相関関係が高いのは、大腿骨・脛骨・上腕骨ぐらいである。

通常、最大長と呼ばれる骨の長さを測り、日本人用に開発された推定式に入れると身長が計算できるという仕組みである。これは、身長がわかっている男女の死体を解剖後、白骨にしてその白骨の最大長と身長との相関係数を求めたものである。昔は、イギリスやアメリカで開発された身長推定式を日本人にも当てはめていたが、四肢骨のプロポーションが異なるため、日本人には日本人用の式がよく当てはまるとされている。

遺骨収集の現場では、どうしても、破損している場合が多いためすべての個体で身長の推定ができるわけではない。当時の日本兵の身長は、兵役検査があったため、約一五八センチ以上である場合が多い。しかしながら、戦争末期になって兵士の数が足りなくなると、身長は約一五六センチ以上と基準を下げている。もちろん、民間人多数が犠牲となったサイパン島やテニアン島では男性でもさらに低い身長の方も出土する場合がある。

日本では、身長が高い地域と低い地域があるため、地域で部隊を組む陸軍の場合は、その部隊名が判明していればある程度の予想もつく場合が多い。例えば、おおざっぱに言えば、東日本は身長が低く、西日本は身長が高い場合が多い。これは、身長の低い在来系の縄文人を先祖に持つ東日本に対し、身長が高く稲作と共に渡来した弥生人を先祖に持つ西日本の違いである。ただし、日本全国から集まっている海軍の場合はばらばらなので困難である。

民族

かつて、「人種」と呼ばれて、世界中の人々を、アフリカ系の「ニグロイド」・ヨーロッパ系の「コーカソイド」・アジア系の「モンゴロイド」と分けていた時代があった。しかし、「種」とつけるのは間違いである。なぜなら、日本人とアフリカ人・日本人とヨーロッパ人・アフリカ人とヨーロッパ人とどのような組み合わせの男女でも子供が産まれ、さらにその子供に孫ができる。このような場合、同じ「種《しゅ》」ということになる。ヒトの場合、世界中の約七〇億人の人々はホモ・サピエンスという一つの種に属する。

近縁種であるライオンとヒョウの間にはレオポンが、ライオンとトラの間にはライガーという子供が生まれる。ところが、どちらも一世代のみで、次世代の孫は産まれない。実は、人間が家畜化してきた「イヌ」もヒトと同様に、カニス・ルプス・ファミリアーリスという一つの種に属する。だから、雑種が産まれるが、孫の代もひ孫の代も産まれるのである。

そこで、遺骨鑑定の現場では、私は「人種」を使わずに、アフリカ系・ヨーロッパ系・アジア系と呼んでいる。

それでは、骨から民族を推定するのにはどうするのだろうか。太平洋地域に限ると、現場で出土する可能性が高いのは、まず日本人戦没者、次にアメリカ兵の戦没者、そして、現地の人々ということになる。当然であるが、日本人戦没者のみを持ち帰り、決してアメリカ兵や現地の人々を持ち帰ってはならない。

まず、歯を見てみよう。我々アジア人の前歯と呼ばれる上顎切歯の裏は、凹んでいる。舌で触ってみるとわかるだろう。これを、シャベル型切歯と呼ぶ。このシャベル型切歯は、アメリカ人には非常に少ない。このシャベル型切歯が出土すれば、文句はつけられない。現地の人々には、今でもビンロウジュを噛む習慣がある。古い人骨では、このビンロージュによる染色が歯に認められ（染歯）、黒くなっている場合が多い。これがお歯黒と関係するという研究者もいるが、ここでは脱線するのでやめておく。

次に、頭蓋骨であるが、一番差が出るのは顔面部である。アフリカ系の人々は突顎《とつがく》といっ

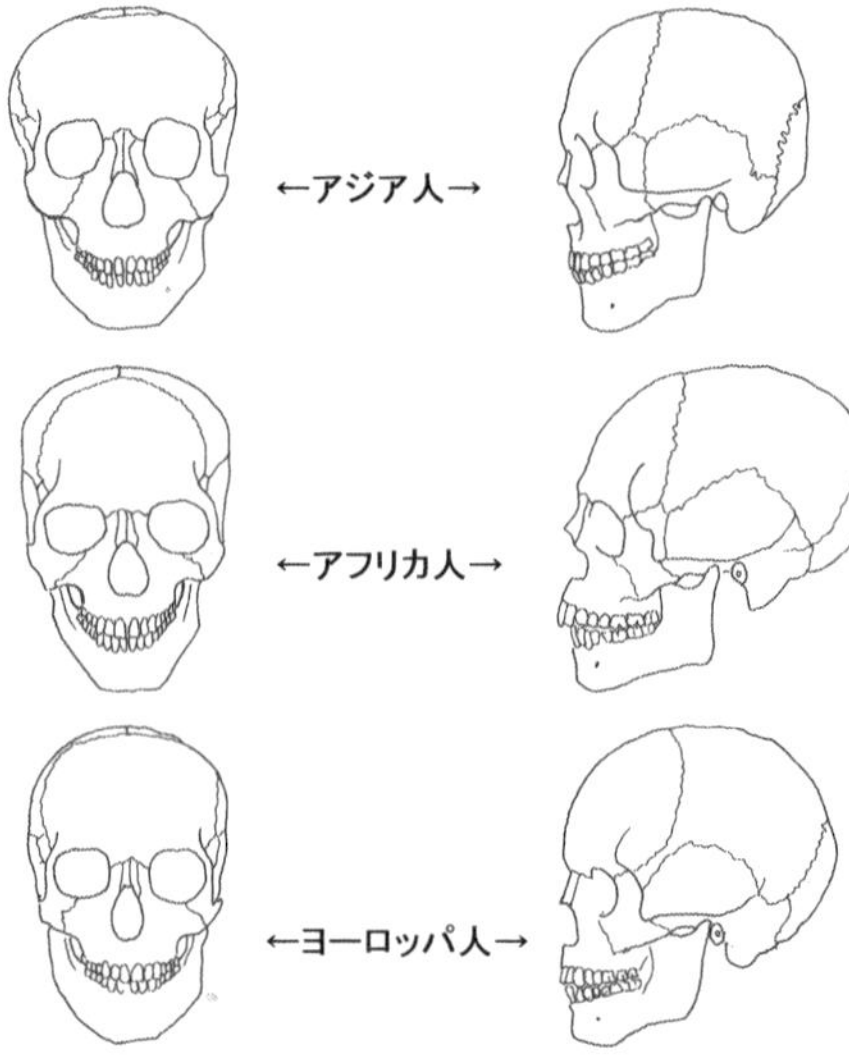

図2-8　民族による頭蓋の違い

て顎が飛び出ている。ヨーロッパ系の人々は、鼻根部が凹んで鼻が高く、顔の幅は狭い。アジア系の人々は、顔面部が平坦であり頬骨《きょうこつ》が出ている。また、アフリカ系やヨーロッパ系は頭蓋骨が前後に長い長頭型《ちょうとうけい》であるのに対し、アジア系は上から見ると頭の形が丸い短頭型《たんとうけい》が多い（図2－8）。

これらの点は、気候で説明ができる。熱帯地方のアフリカでは頭を前後に長くし、さらに手足を長くして皮膚の面積を増やして熱が奪われやすくしている。あまり寒い地方にいないヨーロッパ系は、アフリカ系とアジア系の中間である。ところが、寒い地方で進化したアジア系は鼻が高かったりするとすぐに凍傷にかかってしまうため、顔面部はのっぺりとしており頭も丸い形を保つおかげで皮膚の面積を少なくしている。胴長短足と呼ばれるように、手足が短く胴が長いのも、皮膚の面積を少なくして身体の熱が奪われにくく熱を保ちやすくしているのである。

私は以上のような情報を戦没者の遺骨から読み取って、人類学専門員として現地で鑑定をしてきた。では、以下の章で実際に現地へとご案内しよう。

第3章

撃墜された攻撃機——ツバル共和国ヌイ環礁

1　現地調査までの困難

六〇年前の遺骨情報

一九四三（昭和一八）年八月九日午前三時一〇分、真っ暗闇の中を二機の攻撃機がギルバート諸島のタラワ飛行場から離陸した。二機は、それぞれ別の地域を哨戒《しょうかい》する任務を持っており、その地域はコード名でＪ５とＪ６と呼ばれていた。同日の午前一一時三分、約八時間の哨戒を経てＪ６を哨戒してきた一機がタラワ飛行場に帰投した。しかし、もう一機は帰投することがなかった。本部は、エリス諸島（現・ツバル）のフナフティ島北西一二〇浬《カイリ》付近で消息を絶ったため撃墜されたと推定した。

攻撃機が撃墜されてから六〇年以上経った二〇〇七（平成一九）年、その搭乗員が埋葬されているという情報が外務省を通じて厚生労働省にもたらされた。六名の搭乗員を乗せた一式陸上攻撃機がツバルのヌイ環礁付近で米軍のグラマンにより撃墜され、六名中三名の遺体が海岸に漂着。気の毒に思った現地島民がその三名を共同墓地に埋葬したというものであった。

現地遺骨情報を得て、厚生労働省は二〇〇九年二月にチームを派遣したが、後に述べるようなさまざまなトラブルで調査は途中で延期に追い込まれ、ようやく二〇一四年二月に調査が実現し、遺骨鑑定人として私が同行することになった。

事前調査で浮かび上がった疑問点

私が出発前に戦史を調べてみると、いくつかの疑問点が浮かび上がった。

ツバルのヌイ環礁で撃墜された攻撃機は、戦友たちの証言から一式陸上攻撃機（通称一式陸攻）であると言われていた。この攻撃機は、山本五十六元帥が米軍戦闘機による攻撃を受け、ブーゲンビル島に墜落して戦死した際に搭乗していた飛行機として有名である。

ヌイ環礁で撃墜された攻撃機は、一九四〇年一〇月一日に元山《げんざん》海軍航空隊として現・北朝鮮の元山《ウォンサン》で編成され、四二年一一月一日に陸上攻撃機による第七五五海軍航空隊に再編成されている。この「七五五」とは、七が陸上攻撃機を意味し、次の五は佐世保鎮守府所属を、最後の五は奇数なので常設の航空隊を示している。

一九四三年八月八日、第七五五海軍航空隊は本部をギルバート諸島のタラワに移動し、その翌日、タラワを離陸した攻撃機が撃墜された。それが戦友の証言によると六人乗りの一式陸攻だというのである。

だが当時はちょうど、九六式陸上攻撃機から一式陸上攻撃機に機体が配備し直されている時期である。微妙な時期だが、まだタラワには一式陸上攻撃機は配備されておらず、撃墜されたのは九六式陸上攻撃機ではないかと私は推定した。また、撃墜される飛行機が多く搭乗員不足に陥ったため、通常七名の搭乗員が五名に減員される時期よりも少し前だと推定した。

私は、この二点の疑問を厚労省に伝え、再調査を依頼したところ、真実が突き止められた。私の予想通り、件《くだん》の飛行機は九六式陸上攻撃機で七名が搭乗していたことが判明したのである。しかも、搭乗員七名の氏名がすべて判明した。これで、下調べは完了した。

陸上攻撃機に関する当時の資料によると、搭乗員は生死をともにするという強い意志のもと、パラシュートは積んでいなかったと書かれているものもある。九六式の「九六」とは皇紀の下二桁であり、神武天皇の即位から二六〇〇年とされる一九四〇（昭和一五）年が皇紀二六〇〇年で、有名なゼロ戦（零式艦上戦闘機）はその年に採用された。九六は、皇紀二五九六（一九三六）年に正式に採用されたことを示す。

何度も延期された調査

現地遺骨情報を得て、厚生労働省は二〇〇九年二月に調査チームを派遣した。成田からフイジーを経由してツバルの首都フナフティに到着したチームは、チャーターした漁船に乗り込み、ツバルのヌイ環礁を目指して出発した。何もなければ、約一六時間で到着するはずである。

ところが、真夜中にその漁船は突然大海原の中で停船した。エンジントラブルである。漁船の乗組員が何とかエンジンの修理を試みたが、結局駄目であった。そこで、二基あるエンジンの一基を少しずつ動かしてかなりの時間をかけて出発地のフナフティへ戻ったという。このフナフティでもエンジン修理を試みたが、結局、日本製のエンジンは日本でしか修理ができないことが判明し、この調査は中止となってチームは後ろ髪をひかれる思いで日本へ帰国した。

その後、二〇一一年と二〇一二年にも調査が予定され、この時の遺骨鑑定人として私が同行する予定であった。しかし、二〇一一年は漁船のエンジントラブルで調査直前に延期、二〇一二年にはツバルを襲った干魃《かんばつ》による水不足のためやはり延期されている。

チャーター船ではなく定期船を使えばよいと思われるかもしれない。ツバルには、定期船があり、九つの環礁を回っている。首都のフナフティを起点とする、ノース航路・セントラル航路・サウス航路の三航路がある。しかし、それらの航路は全行程にそれぞれ五日、四日、三日もかかる。また、一週間から三週間も出航が遅れることはザラで、定期船を使うと調査日程が一カ月ぐらいかかりかねない。それではかえって費用がかかってしまう。二〇一四年二月、ようやく四度目の調査が企画された。私にとっては、三度目の正直である。

出発日にもトラブル

調査計画は、二〇一四年二月一六日から二月二七日の日程で組まれた。ところが、まさしく出発するという二月一五日の夜から翌朝にかけて関東地方を未曾有の大雪が襲い、私が住んでいる群馬県高崎市は、約一二〇年の観測史上最も積雪量が多い七五センチを記録した。バス・電車・タクシーのすべてが運行停止となり、高崎市だけでなく群馬県全体が陸の孤島となってしまった。

成田空港へ行くことを半ば諦めたが、新幹線だけは運行するという情報を朝の四時時点で確認できた。早速、防寒対策をして当初予定していた二つのスーツケースを一つにまとめ、リュックサックを背負って四時三〇分頃、私は徒歩で自宅を出た。高崎駅まで約八キロの陸路を歩いたが、幸い、車の轍《わだち》が残っていた。膝まで積もった雪をかき分けて重いスーツケースを運びながら約二時間三〇分かけて高崎駅に到着し、何とか、成田空港まで遅れずに到着できた。高崎駅までの道中、何度もやめたくなったのは言うまでもない。

調査チームは、団長の皆川宏さん、補助員の石垣拓真《たくま》さんと私の三人であった。一日目の二月一六日、我々三人は成田空港から韓国の仁川《インチヨン》空港へ移動し、そこからフィジーのナンディ空港へ向かった。仁川空港からナンディ空港へは、空路約一〇時間の予定である。もちろん、徹夜と徒歩の疲れでほとんど爆睡しており、あまり記憶はない。

二日目の二月一七日の早朝、我々は、フィジーのナンディに到着した。日本との時差は、三時間である。フィジーは、大小三三〇もの島々からなり、総面積を足すと日本の四国とほぼ同じであるという。人口は約八五万人で、フィジー系住民が約五七パーセント、インド系住民が約三八パーセントで、インド系住民はかつてサトウキビ畑での労働者として来島したらしい。主要な島はビチレブ島で、西側に世界からの玄関となるナンディがあり、東側に首都スヴァがある。

大使館のあるスヴァへは、ナンディから陸路約三時間から三時間半の車の旅である。午後、スヴァに到着し、フィジーの日本大使館やツバル政府の出先機関を訪問した。今回の調査の説明をしたが、どうも地元のヌイ環礁では我々が遺骨収集をすることに反対する動きがあるらしいという情報を得た。この日は、スヴァで一泊。

ツバル到着とフィジー大統領

ツバルは、一五六八年にスペイン人により発見された。この時発見されたのは、ツバルの首都フナフティがあるフナフティ環礁ではなく、ヌイ環礁だと言われている。一八九二年にイギリスの保護領となり、エリス諸島と呼ばれるようになった。その後、一九一六年に、キリバスのギルバート諸島とともにイギリスの植民地となっている。

しかし、一九七五年にはポリネシア人が多いエリス諸島とミクロネシア人が多いギルバート諸島との間にトラブルが生じて、それぞれが分離することになり、エリス諸島はツバルと国名を変え、一九七八年には独立をはたしている。人口は約一万人しかおらず、世界でもバチカンに次ぐ小さな国家に属している。国旗は、左上にイギリスのユニオンジャックがあり、その他の部分には星が九つ描かれている。この九つの星は、ツバル国内の九つの環礁を表しているという。日本では、地球温暖化による海面上昇により、沈みゆく国としても有名である。

三日目の二月一八日、スヴァのナウソリ空港からツバルのフナフティ空港へ向けて移動。四十数人乗りの小型プロペラ機は、滑らかに離陸した。七〇年以上も前に撃墜された、九六式陸上攻撃機も、同じぐらいの大きさだろうか。窓から覗くと、眼下には大海原が広がっている。この飛行機には、突然、ツバル訪問を発表したフィジー大統領が同乗していた。どうりで、チェックインが厳しくなっていたわけだ。乏しい財布の中身まで見られたのは、後にも先にもこの時だけである。

フナフティ空港に到着すると、まずフィジー大統領一行が先に降りる。窓の外を見ると、ツバル国民全員がそこにいるのではないかと思うぐらい空港に多くの人々が集まっていた。大統領一行を歓迎しているらしい。おかげで我々まで足止めをくらい、用意されたバスで空港まで移動するはめになった。

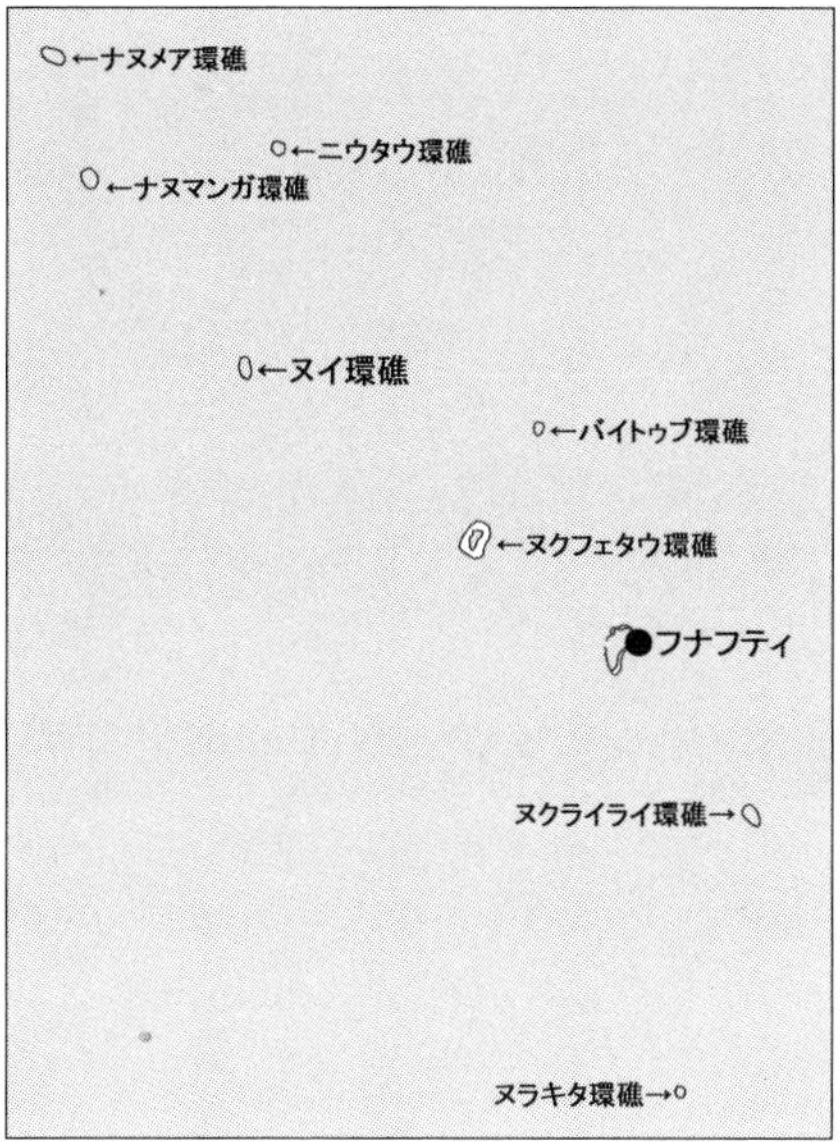

図3-1　ツバル全図

この空港で、現地ガイドの北添春菜さんと合流した。北添さんは、ツバルに滞在して数年とのことで、その間に現地の男性と結婚して男の子もできたという。

ここで、フィジー大統領訪問の余波が我々にも及んだ。ツバルのフナフティには、まともなホテルはたった一つ、ツバル国営のバイアク・ラ

写真3–1　フナフティからヌイ環礁の移動に使用した船。前部のシート下で4人がごろ寝した。

ンギ・ホテルしかない。ところが、フィジー大統領のツバル来訪に伴い、そのお付きの人々が泊まるということで、一方的に我々の予約はキャンセルされてしまったのだ。国営の強みなのだろう。そこで、我々一行はワマシリ・ロッジという民宿に泊まることになった。メインロードから路地に入った民家の二階を宿泊できるように改装したものだ。ちょうど三部屋あったので、我々が貸し切ったようなものである。これはこれで、心地よかった。ただ、共用部分にはクーラーがあったが、個室部分にはクーラーがなく、なかなか寝つけなかった。

五年前に故障した漁船に再び乗る

四日目の二月一九日、午前中はツバル政府を訪問して調査の説明をした。保健省・内務省・通信運輸省・外務省を訪問したが、ツバル政府にも、現地のヌイ環礁の詳細な情報は入っていないらしい。やはり、行くしかないようである。

午後三時、我々を乗せた小型漁船はツバルの港を出港した。実は、この船もフィジー大統領訪問の余波が影響していた。五年前の二〇〇九年の調査の際に漁船でエンジントラブルが起きて急遽中止となったため、今回は安全策としてツバル政府の沿岸警備隊が所有する高速船をチャーターする予定となっていた。この船であれば、高速なので時間も短縮できると喜んでいたのだが、フィジー大統領がツバル来訪中、海の警備のために急遽チャーターが中止となってしまったのだ。

その代替船はというと、結局、五年前にエンジントラブルを起こした同じ漁船になってしまっていた。我々は、今回もエンジントラブルを起こすのではないかという不安を抱えて出港した。予定通りであれば、約一六時間でヌイ環礁へ到着するはずである。小型漁船といっても、船室がありそこで眠ることができるだろうと考えていたが、船室は船員が使用するからという理由で、船室使用は断られた。代わりに、船の前部にブルーシートで応急に張られた屋根がある場所にゴザを敷いた場所が我々の寝室である。

この日は、疲れからか船酔いからなのか夕方五時に倒れ込むように寝た。寝ていても、船が横に揺れていることがわかる。時々目が覚めて、船の後部でタバコを吸ったが、あたりは真っ暗で、もしここで船が停船したらと思うと恐ろしくなった。

2　現地到着から調査開始まで

ヌイ環礁到着

ヌイ環礁は、ツバルにある九つの環礁の中でも、ほぼ中央に位置する。主な島は九つあり、面積は三・三七平方キロメートルである。その中でも、一番南に位置するフェヌア・タプ島にほとんどの人々が居住している。件の九六式陸上攻撃機が墜落し、搭乗員が埋葬されたのも、このフェヌア・タプ島だと言われていた。

五日目の二月二〇日、午前七時、ようやくヌイ環礁のフェヌア・タプ島沖合に到着する。ここから、小型ボートで船着き場へ移動した。物資を降ろしたりしながら、午前八時に、ヌイ環礁側で用意された家に到着して朝食となった。朝食はというと、大きなザルに鶏肉・魚・タロイモ・パンノキ等が調理されたものが並べられており、めいめいが食べるという仕組みである。興味深いのは、我々が食べている間、朝食を作った女性がうちわであおいでハエを追い払ってくれたことだ。まるで、昔の王侯貴族のようだと皆で話し合った。

九時に宿舎を出発して、役場へ向かう。乗り物は、島の役場が用意してくれたトラックである。役場では、ハウバカさんという女性の担当官が対応してくれた。

七人の長老たちの同意を得る

ところが、ここで我々はショッキングな通知を受けることになる。ハウバカさん曰く、「カウプレによると、共同墓地を見ることは許可するが、発掘調査は許可できない」と。日本からはるばる四日以上かけてようやく到着したツバルで発掘ができないということは、即、調査失敗を意味する。

ちなみにこのカウプレとは、長老たちが集まって決める島の最高機関のことで、実は、ツバルの中央政府でさえ決定権がなく、島のことは島で決めるという統治権と決定権がカウプレに与えられている。どうりで、ツバル政府でも全く島の事情が把握できないはずである。ポリネシア系が多いツバルにおいて、このヌイ環礁の人々は、ミクロネシアのキリ

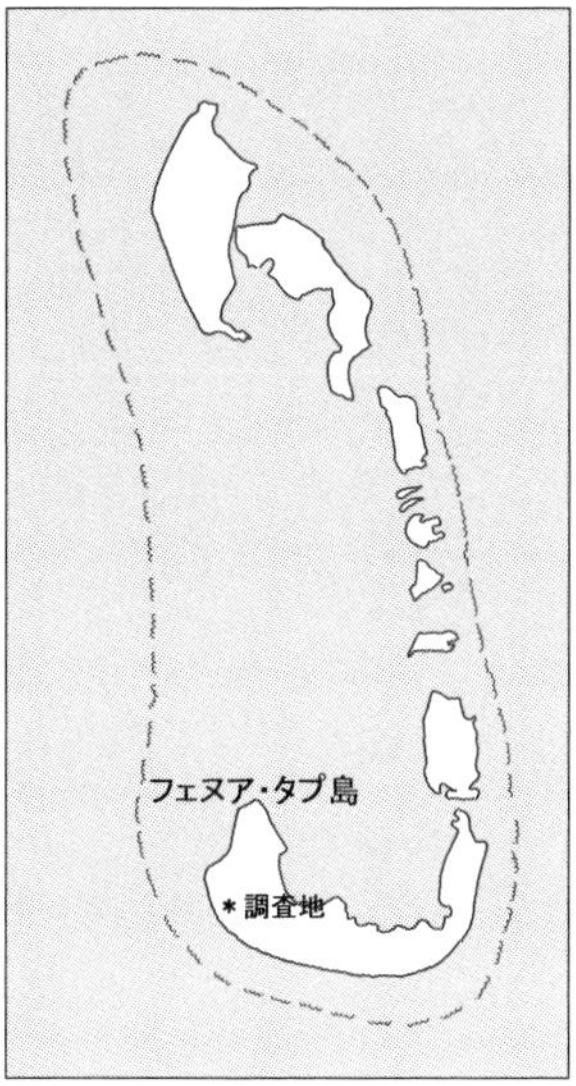

図3-2　ヌイ環礁

バスから移住してきたとも言われている。その事情からも、ツバル中央政府とは一線を画しているのかもしれない。

しかし、ここで引き下がるわけにはいかない。団長と相談して、私は持参した英文の発掘調査計画書を担当官に渡し、もう一度長老たちに集まってもらって説明をしたいと申し出た。しばらく待つと、一〇時三〇分頃、発掘許可が伝えられた。我々は、安堵した。

ここで、私は団長に、許可をいただいた長老たち七名を一人一人訪ねて、発掘計画書を手渡し、持参したお土産を渡したらどうだろうと提案した。この提案はすぐに受け入れられ、我々はすぐに役場を後にした。

この時の乗り物は、島のタクシーならぬ、オートバイの後ろに木製の荷台が付けられたものである。小回りがきくので、なかなか便利な乗り物だ。時間はかかったが、七名全員を回り、島の最高機関の所属メンバーの同意を得ることに成功した。こうすれば、途中で横やりが入ることがないことは、これまでの調査で経験済みである。重要なのは、まんべんなく回ることである。

目撃者からの有力情報

長老たちを訪ねる過程で、北添さんから、当時攻撃機の墜落を目撃していた長老がいることを知り、訪ねることにした。

その老人は、リー・タンさんといい、当時一〇歳だったという。計算すると、昭和一八年に一〇歳だから、一九三三年生まれとなり、八〇歳近いだろうか。リー・タンさんによると、当時の日本軍機は、タラワからフナフティ周辺を偵察する際に、必ず中継地点であるヌイ環礁を通っていたという。広い太平洋の中では、島が重要な目印だったのであろう。それを知った米軍は、ヌイ環礁近くで待ち伏せをしていたらしい。

米軍は当時、ツバルの九つある環礁のうち、フナフティ・ヌクフェタウ・ナヌメアの三つの環礁に飛行場を建設して日本軍へ備えたという。フナフティの飛行場のみが、現在も飛行場として使用されている。

一九四三年八月九日の午前一〇時頃、

写真3-2　当時、少年として目撃したリー・タンさん

米軍のグラマンが日本軍の九六式陸上攻撃機に襲いかかった。好奇心旺盛な少年だったリー・タンさんは、恐れもせず、空を見上げながら攻撃機を走って追いかけたという。米軍飛行機の射撃を受けた飛行機は、翼から火を吹きながらフェヌア・タプ島の西側の海上に墜落した。

やがて、三名の島民がカヌーに乗り、搭乗員の救出に向かった。しかし、墜落した陸上攻撃機の中は戦死者ばかりで、三名ぐらいは救出できそうだったが、まだかすかに息があった一名のみを救出して海岸に到着した。しかし、その搭乗員は腹部を損傷しており、海岸に到着した時にはすでに息絶えていたという。

と、話の途中で私を見たリー・タンさんは、「その男は、背が高かった。ちょうど、あなたと同じぐらいの身長だった」と付け加えた。「それで、その搭乗員のご遺体は？」と私が尋ねると、「救出した三名のうちの一名の家族墓に埋葬した」という答えが返ってきた。つまり、事前情報にあった三名の遺体を埋葬したというのは誤情報で、三名が救出に行き、搭乗員七名中一名の遺体のみ埋葬したというのが正しい情報だったわけである。

有力な情報を得た我々は、午後一時に宿舎に戻り、昼食をとった。すると、朝食とほぼ同じ内容のものが出され、今度は違う女性が団扇であおってくれるではないか。聞いてみると、誰かだけに集中しないように、カウプレが割り振っているのだという。島の人々の知恵はたいしたものだと感心した。早速、昼食を終えて、現場に向かい、午後二時から発掘調査を開始した。この島で我々に許された時間は、二日間しかない。一日目の大半は、交渉ごとに費やしてしまったのだ。急がなければならない。

発掘調査開始

発掘調査を開始すると、別の老人がやってきた。その老人によると、当時、五歳だったという。私がリー・タンさんの話をすると、「その話は違う。そこのヤシの木の下に埋めた」というではないか。しかも、「リー・タンさんは歳をとっていて呆けているのだ」とも付け加えた。

仕方なく、まず、ヤシの木の下を作業員たちに指示して掘ってもらった。しかし、掘っても掘っても出てこない。すると、その隣だという。そこで、その隣をトレンチ掘りすることにした。トレンチ掘りとは、帯状に掘ることをいう。ところが、やはり出てこない。

すると、ここで、重要な情報が舞い込んだ。発掘調査を見ていた女性が、「うちの旦那さんのお父さんが、自分の家族墓に日本人を埋めた」と生前、何度も語っていたというではないか。この時点で、午後三時五〇分。もう、あまり時間がない。早速、そのオーナーに来てもらい発掘許可を頼むと快諾してもらった。

写真3-3　発掘中の筆者

発掘調査中は、村の大人たちのみならず、学校が終わったのか多くの子供たちもやってきて見守っている。恐らく、そんな昔の話など知らないだろう。だが、通常の遺骨収集と異なり、現地の人々の共同墓地で発掘調査をする際は、衆人環視の中で説明をしながら行うことが重要である。そうすることで、彼らの先祖の骨を掘って持ち帰るわけではなく、確実に日本人とわからなければ持ち帰らないとわかってもらうためである。もちろん、衆人環視の中では、なかなか制限も多い。しかし、これは海外調査を行う上で重要だと私は考えている。

ここで、共同墓地を観察すると、全体にサンゴが敷き詰められている。しかし、よく見ると、経年変化したサンゴとまだ新しいサンゴがあることに気づいた。また、経年変化したサンゴで覆われた墓は平らで、新しいサンゴで覆われた墓はまだ盛り上がっていることに気づく。これは、日本のかつての土葬と同じ原理である。土葬して土盛りを行うが、やがて死体が腐敗すると内部に空間ができて、どさっと土が下に落ちて平らになるという原理だ。

オーナーに尋ねてみると、新しい土盛りは、彼の父親と後妻だという。ところが、平らな部分の被葬者は誰かわからないという答えが返ってきた。いずれにしても、今回、我々がターゲットとする部分はこの平らな部分である。早速、掘り進めることにした。

いくつかの全身骨格

しばらくすると、全身骨格が出土した。今回は、時間の節約のため、頭蓋骨を私が掘り出してその性別や死亡年齢を推定し、さらに民族を検討することにした。今回の対象となる搭乗員七名の性別は全員が男性で、死亡年齢は一九歳から二五歳であることが判明している。もし、子供や女性や老人が出土した場合には、今回の対象者ではないことがすぐにわかる。早速、その頭蓋骨を観察すると、すぐに、老人女性であることがわかった。歯のほとんどは生前脱落をしており、歯槽も閉鎖している。また、寛骨の大坐《だいざ》骨切痕《こっせつこん》の角度も九〇度近くで明らかに女性である。時間はかかるが、私はそのことをギャラリーに説明して、「この方は日本人ではなく、皆さんの祖先だ」と説明した。皆、一様に聞き入っている。恐らく、このような説明は初めて聞くのだろう。

次に、その老人女性の隣の発掘調査を進めた。すると、今度は約六〜七歳の子供が出土した。これも、同様に説明する。私が発掘調査をしていて、心が痛むのは若い子供が出土する時だ。その子に何があったのかわからないが、寿命を全うすることができなかった子供は不憫でならない。ギャラリーの中にはその子と同じぐらいの子供もおり、長生きできるように祈る。

最後に、男性らしい全身骨格が出土した。どうも、上顎《じょうがく》に歯がなさそうである。あるギャラリーが、「頭部に貫通銃創があった」という話をした。すると、貫通した銃弾により上顎部分が吹っ飛んだのだろうかと推測される。全身骨格が出土したところで、本日の発掘調査は時間切れとなった。恐らく、この男性であろうから明日一日かけてゆっくりと発掘をすればいいとまずは安堵した。

その日の夕食はというと、やはり朝食と昼食同様のものが目の前に並んでいる。少し閉口するが、味は良い。夕食後に宿舎で祝杯をあげて寝るが、なぜか寝つけない。やはり、本日出土した人骨が本当に探している搭乗員のものかというプレッシャーが常に頭から離れないのだ。

3　発見

振り出しに戻る

いよいよ、六日目、二月二一日の朝を迎えた。泣いても笑っても、今日一日しかない。朝八時から発掘調査を再開する。ところが、昨日のその続きを発掘すると、また子供が出土した。今回も昨日と同様に、約六〜七歳の子供である。二人は並んで埋葬されていたが、一卵性双生児だったのではないかと疑うぐらい似ていた。ほぼ同時に亡くなるとは、いったい何があったのだろうか？　だが、それを詮索する時間はない。

ようやく、昨日出土した男性の全身骨格がもっとはっきりした形で出土した。私は、その遺体の横になり身長が私と同じかどうか確認してみるが、どうも私よりも背が低そうだ。ようやく頭蓋骨を掘り出して確認して愕然とした。昨日、貫通銃創により歯が吹き飛ばされたと考えていた上顎骨は、実は、すべての歯が生前脱落して無歯顎《むしがく》になったものだったのである。歯が抜けると顎の骨は吸収され、骨が小さくなり先細りになってくる。特に、無歯顎の上顎は、歯がないカメの上顎とよく似ている。下顎には歯が残存していたので、何らかの理由で上顎の歯だけが通常よりも早く抜けたらしい。このような事例は、東京の江戸時代人骨で一例だが見たことがあるが、稀な事例である。

発掘調査は、また振り出しに戻った。この時、一一時である。気を取り直すため、一一時三〇分に昼食をとり、午後一時から再開することにした。昼食は、昨日、さすがに同じ食事が三食続いたため、フナフティで購入したカップ麺ですませた。

昼食後、現場に向かう途中で、撃墜された日本軍機の機体の翼の一部分がまだあるとの情報を得て見に行く。確かに、翼の一部と思われるものが残っていた。戦後七〇年以上経っても、ジュラルミン製の機体の一部は残存状態が良い。この点も、リー・タン老人の証言と同じであることが確認できた。

少し焦ってきた私は、北添さんにお願いして、リー・タン老人に現場に来て確認してもらうことにした。リー・タンさんは、現場に来てくれた。やはり、我々が掘っている現場近くらしいということが確認できた。しかし、もう、あまり掘る場所がない。

発掘調査を続けると、今度は、老人男性が出土した。これも、ギャラリーに説明する。私は、タバコを吸うために一時現場を離れると心の中で祈った。ここまで追い詰められたのは、後にも先にもこの時だけである。

ついに発見

いよいよ、発掘可能な場所は二カ所に限られた。最初に掘った老人女性の隣とその隣の二区画である。しかし、老人女性の隣には、誰も埋葬されていなかった。さらに、その隣から「骨が出た！」というので行ってみると、それは赤ん坊の骨であった。

これで、万事窮すと思われたが、その赤ん坊が出土した深さが浅かったため、最後の希望でその下も掘ることにした。ここは、最初から団長の皆川宏さんが担当していた場所である。

午後二時四五分、「骨が出た！」という声に駆けつけると確かに、今度は成人らしい人骨が一部出土している。早速、頭蓋骨だけを掘り出して確認してみると確かに日本人らしい形質をしている。歯もあまり磨り減っていない。これは、死亡年齢が若いことを示していた。だが、できれば確証が欲しい。

リー・タンさんによれば、軍服のまま埋葬したという。しかし、別の証言では、搭乗員を埋葬する際に現地島民に着せる白い服に着替えさせたとも言われていた。そうであれば、貝製のボタンしか出土しないことになる。頭の中をさまざまな思いが駆けめぐった。

その時、「ボタンが出た！」という声がした。早速駆けつけると、旧海軍のボタンが出土

写真3-4　発掘して出土した人骨

している。時に、午後二時五五分。思わず、「ウィ・ファウンド・イット！　ディス・イズ・ジャパニーズ！（我々は、発見した！　これは、日本人だ！）」と英語で叫んだ。すると、周りの数十人いるかと思われるギャラリーも全員が手を挙げて喜んでくれた。その後、石垣拓真さんと私は人骨を掘り上げ、人骨を取り上げた。取り上げが終了したのは、午後四時だった。

発掘調査は、これで終わるわけではない。掘った穴を作業員に頼んで、丁寧に埋めてもらう現状復帰の作業が必要である。また、ギャラリーの子供たちに頼んで海岸からサンゴを集めてもらった。見ると、石垣さんが子供たちの先頭に立ってサンゴを集めている。皆さんのおかげで、埋め戻した墓の上に新しいサンゴが撒かれて現状復帰作業も終了した。

その後、我々は長老たちへ結果報告に回り、宿舎に戻ったのは午後六時であった。今度は、出土人骨のクリーニングが待っている。発掘されたままでは、砂や泥がついているため、水できれいに汚れを落とすのである。この作業は、全員で行った。

途中、六時三〇分からいつもの夕食をとり、七時から作業を継続した。クリーニング作業は、午後八時に終了。八時からは、人骨の観察や計測、そして写真撮影である。何せ、明日の午前一〇時には焼骨式であるため、それまでにすべての作業を終了しなければならない。この作業は、午後一〇時まで続いた。

だが、いつもの儀式も欠かせない。一息ついたところで、皆と、お清めをする。といっても、フナフティから持参したウィスキーはほとんど底をついていたため、薄い水割りを飲むと、コーラで乾杯となった。この島にアルコール類は一切売っていないということは、島に到着してから知った。午後一一時に就寝。

焼骨式

七日目の二月二二日、朝早く起きてさらに計測や観察を行う。宿舎を八時四五分に出発し、九時に焼骨式を行うために共同墓地近くに借りた場所へ到着。いつものように、焼骨の準備を行う。

焼骨式は、一〇時一〇分に始まった。古老のリータンさんをはじめ、島民の多くの方々も参列している。土葬である島では、恐らく、焼骨を見るのは初めてだろう。皆、興味深く見守ってくれている。一〇時二五分に点火すると、炎が立ち上がる。やがて、組んだ薪も焼け落ち、茶色い色をしていた遺骨も白色に変化する。少しずつ、薪を取り除き、骨だけにする作業を行い、熱も冷めてくると骨上《こつあ》げである。一二時頃、骨上げを行う。ほとんどの骨が白い布に納められて骨上げは完了である。

ここで、少し残った骨灰《こっぱい》は、通常であれば慰霊碑に埋葬する。しかし、このツバルにはその慰霊碑がない。ここで、私が提案した。「海には、同じ搭乗員だった英霊六体が待っています。どうでしょう。旧海軍の葬法にならって、水葬にしては」。団長の皆川さんは、即座に同意してくれた。地元の長老たちにも説明をして同意が得られた。

我々四人は、骨灰が残るトタン板を持って、件の九六式陸上攻撃機が墜落しているであろう共同墓地の前の海に行き、水葬にした。思わず私が敬礼をすると、見守っていた子供たちの何人かが私をまねて敬礼をしている。七〇年以上も同僚を待っていた英霊たちもきっと快く迎えてくれたことだろう。

我々には、まだ行うべきことがあった。ご遺骨を探す際に掘り上げた、六体の霊を鎮めなければならない。北添さんに頼んであった生花を再埋葬した上に供えて、眠りを妨げた無礼を詫び、おかげで日本人搭乗者一体を発見できたことを報告する。ツバルの人々は、再び、長い眠りについた。

さて、この日は、もう出航である。宿舎に戻って昼食をとり、荷物のパッキングをしなければならない。ここで、石垣さんが提案をした。「どうでしょう。出航までまだ時間があるし昼休みなので、内海で泳ぐことはできませんか？　ミッション・インポッシブルも達成しましたし」。私が団長の方を見ると、深く頷いている。

我々は、歩いて内海まで行き、入浴代わりに軽く三〇分ほど泳いだ。ヌイ環礁の内海は小さいが、エメラルド・ブルー色をしたとてもきれいな海である。我々三人は、苦労が報われたことを噛みしめながら、誰もいない水辺にたたずんだ。

宿舎に戻ると、荷物のパッキングを行い、港へ出向いた。港からは、小型ボートで母船に向かい、船は午後四時一五分に出航した。わずか三日間の滞在での調査だったが、船から見るヌイ環礁はとてもきれいで懐かしささえ覚えた。いつの日か、撃墜された攻撃機の残骸を発見してその中も捜索しますと誓いながら、ヌイ環礁に別れを告げる。

船に着いて三〇分ほどいると、また眠気が襲ってきた。途中、起きると、船のクルーが夕食を持ってきてくれ、また眠りにつく。来る時と同じであるが、今回は、心地よい満足感にあふれていた。ちなみに、北添さんによると、海で食事をとったのは私が初めてだという。確かに、船酔いなのか誰も手をつけていなかった。

徹夜での報告書作成

八日目の二月二三日、朝四時三〇分頃に起床し、しばらく暗い海を眺める。いつものように、私にには、まだやらなければならないことがある。朝七時三〇分頃にフナフティに到着。八時三〇分に、バイアク・ランギ・ホテルにチェックイン。早速、報告書作成にとりかかった。いつものように、ほぼ徹夜をして報告書を仕上げる。今回は、一体なのであまり時間がかからないと思ったが、それでも色々と書かなければならないことがある。

搭乗員は、頭の方向を東にして、東から西にかけて全身を伸ばした状態で埋葬されていた。最近の現地島民の埋葬は、その逆だという。この点からも、埋葬された時期が古いことがわかる。上顎の切歯は、日本人を含むモンゴロイドに特徴的なシャベル型切歯を持っている。性別は明らかに、男性である。特に、寛骨の大坐骨切痕の角度が狭いため、男性で間違いない。歯の咬耗度は低く、死亡年齢は約二〇歳代であると推定した。

身長は、上腕骨・尺骨・橈骨・大腿骨・脛骨から推定できた。その範囲は、一六七・五センチから一七六・二センチと幅があったが、身長推定の信頼性は、大腿骨と脛骨が高い。この骨の最大長から身長推定式に当てはめると、約一七二センチとなった。現地の古老のリー・タンさんが指摘したように、私と全く同じ身長である。

興味深いことに、過剰歯《かじようし》と呼ばれる所見が認められた。この過剰歯とは、通常の歯よりも数が多い状態を指す。我々は、子供の頃の乳歯が二〇本・大人の永久歯が三二本の、合計五二本の歯が萌える。大人になると乳歯はすべて抜け落ちるので、大人では三二本の歯が残ることになる。

ところが、この方は上顎左に一本・下顎右に三本・下顎左に一本の合計五本の過剰歯が認められた。また、下顎左の顎骨には、二本の過剰歯が埋伏《まいふく》しており、合計七本もの過剰歯があったのだ。この過剰歯の出現率は非常に低く、非常に珍しい事例である。生前、そのことを覚えている肉親がいればきっと身元特定につながるだろう。この方の骨には、骨折が全く認められなかった。通常、飛行機が墜落した際は多くの場合で骨折が認められる。

実は、生前の特徴として、顔が長いという記載がある方がいた。私は、形態からこの方であろうと特定したが、その方はパイロットではなく、偵察員を務めていた。偵察員は、飛行機の後部に位置して透明の風防から外を見て偵察する役目を担っている。恐らく、飛行機後部に位置していたために骨折を免れたのだろうと私は推定した。

不思議な歌声

この日の夜、私は疲れからか何度も居眠りをした。しかし、期日通りに報告書を仕上げなければならない。すると、深夜、私の隣の部屋から美しい歌声が聞こえてきた。現地の言葉なのか、何と歌っているかはわからない。はた迷惑だなと思いながらも、その歌声で私は何とか報告書を仕上げることができた。思い返すと、その日の昼間、我々はフナフティの目抜き通りにあったアイスクリーム屋でアイスクリームを食べた。そこの売り子さんは、髪の毛も皮膚も白いというアルビノの現地女性だった。我々が店の前でアイスクリームを食べているとその女性がこれまで聞いたことがない美しい声で歌を歌っていたことを思い出した。もちろん、彼女が隣の部屋に泊まっていたとは考えにくい。だが、その歌声で私は眠らずに報告書を仕上げることができたのは確かだ。

九日目の二月二四日、徹夜明けであまり食欲はないが、ホテルで朝食をとった後で部屋に戻り、報告書の手直しをする。朝食の際に、皆川さんや石垣さんに、昨夜の歌声について尋ねてみた。ところが、誰もその歌声は聞いていないという。あの歌声は何だったのかはわからない。夢の中で私だけが聞いていたとするには、報告書は仕上がっている。不思議な現象だったが、報告書作成に役立ったことだけは間違いない。午後、ツバル政府の保健省を訪問する。外務省は午後二時にアポをとっていたが、急な会議で三時三〇分に延期となった。待つ間、外務省で提出用の報告書を印刷してもらう。ツバル保健省によると、フィジーに入国の際と出国の際に、焼骨が衛生上問題ないという証明書を病院の医師に書いてもらう必要があるという。その後、フィジーの日本大使館で報告を行い、香港経由で羽田空港へ戻った。

ツバル調査の帰り、飛行機の中で色々と考えてみた。なぜ、ツバル調査は三回も延期になったのか？　それはきっと、五名あるいは六名しか搭乗していなかったと言われていた記録をもう一度、よく調べてもらいたかったのだろうと思った。私が抱いた疑問を真摯に受け止めた石垣拓真さんによる再調査で、一式陸上攻撃機ではなく九六式陸上攻撃機で、しかもフルメンバーの七名が搭乗しておりそのフルネームも判明してこそ、この調査は可能になったのだろう。残念ながら、戦没者は一体だけが収骨されたが、忘れてほしくない、知ってほしいという戦没者の願いだったのではないだろうか。

その後の七五五航空隊

撃墜された攻撃機が離陸してから三カ月後の、一九四三（昭和一八）年一一月二一日、米軍はタラワに上陸攻撃を行い、同二五日に玉砕した。その時、四〇機あった攻撃機は一一機にまで減り、同年一二月七日にテニアン島へ移動している。そして、翌年の一九四四年の七月一〇日付で解隊となった。散る桜、残る桜も散る桜だったのである。

第4章

玉砕の島々

一九四三年五月二九日、アッツ島守備隊が米軍との戦闘の結果、玉砕した。そして、同年一一月二四日、マキン島守備隊、同月二五日、タラワ島守備隊が玉砕する。

その後、一九四四年になると、続々と南太平洋の島々の日本軍が玉砕する。この章で取り上げるのは、二月五日のクェゼリン環礁、七月七日のサイパン島、八月二日のテニアン島、一一月二三日のペリリュー島での玉砕による戦没者の遺骨をめぐる物語である。

1　銃殺された兵士――マーシャル諸島クェゼリン環礁

温暖化により浜辺から人骨発見

約九〇の島々からなるクェゼリン（クワジェリン）環礁は、マーシャル諸島の西側に位置し、世界最大の環礁と言われている。戦争中、日本軍は同環礁の南側にあるクェゼリン島と、北側にあるルオット＝ナムル（ロイ＝ナムル）島の二カ所に飛行場を建設していた。

アンジェリーナ・ジョリーが監督して二〇一四年に公開された映画『アンブロークン』は、クェゼリンで捕虜となったアメリカ空軍兵士ルイス・ゼンペリーニの体験をもとにしている。

二〇一四年七月一六日付の読売新聞に、マーシャル諸島のクェゼリン環礁で、浜辺から八体のアジア人と見られる人骨が発見されたと報じられた。温暖化による浜の浸食によって露出したという。

この報道を受け、我々調査団は、二〇一四年八月三一日から九月七日にかけて、この出土した人骨の鑑定に出向いた。そしてさらに同年一一月八日から一一月二一日にかけて、発見場所の発掘調査を実施した。どちらも、団長は厚労省の新津《にいつ》浩平さんと補助員の酒井徹さん、そして最初の派遣では二班に分かれたため、通訳の北原由也さんも同行した。

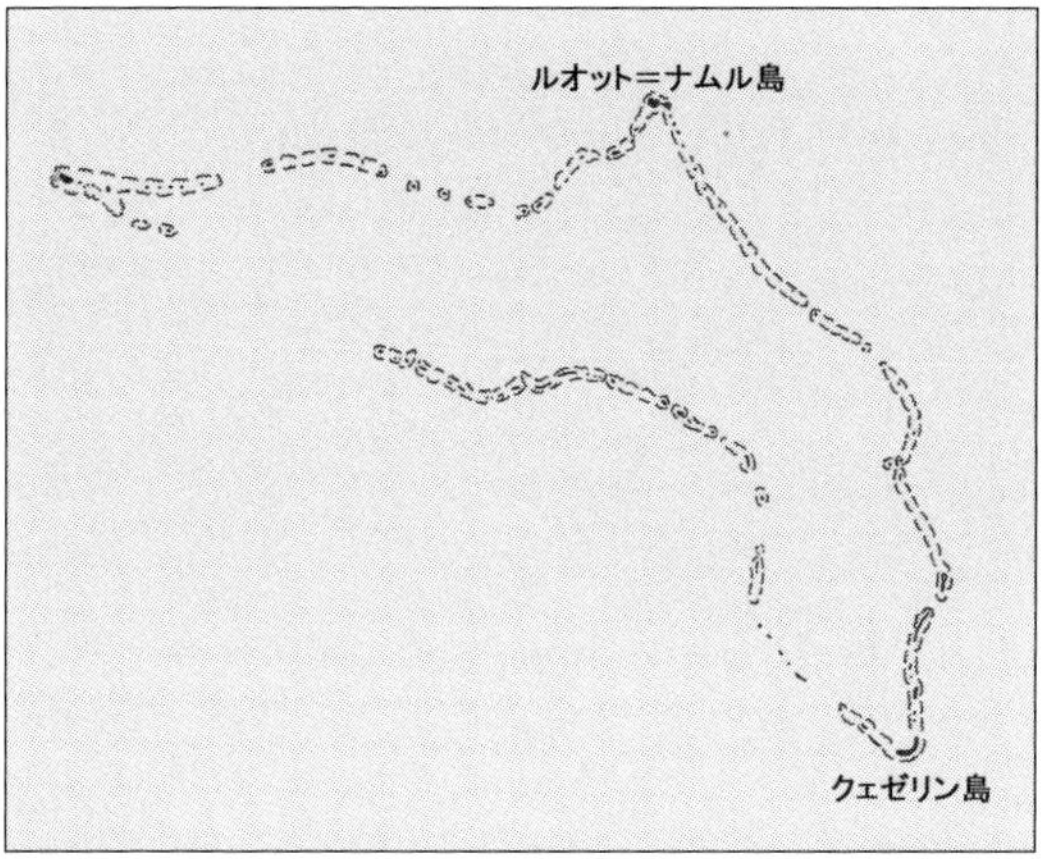

図4-1　クェゼリン

クェゼリン環礁の戦史

一九四一年一月に、日本海軍はクェゼリン島に第六根拠地隊司令部を配置した。一九四三年一一月にタラワ島が玉砕したが、この段階に至っても日本軍は、米軍がタラワ島にほど近いクェゼリンを攻撃するのはもっと後だろうと考えていたという。

ところが、一九四四年二月二日、米軍はほぼ同時に南部のクェゼリン島と北部のルオット＝ナムル島に上陸攻撃を加えた。当時、クェゼリン島の守備に就いていたのは、海軍第六根拠地隊司令官の秋山門造少将と第六一警備隊司令の山形政二大佐麾下約四一〇〇名であり、陸軍は海上機動第一旅団第二大隊大隊長の阿蘇太郎吉大佐麾下約一〇〇〇名の合計約五一〇〇名であった。同様に、ルオット＝ナムル島の守備は、第二四航空戦隊司令官の山田道行少将麾下約三一〇〇名で、そのほとんどが航空関係の部隊であり、

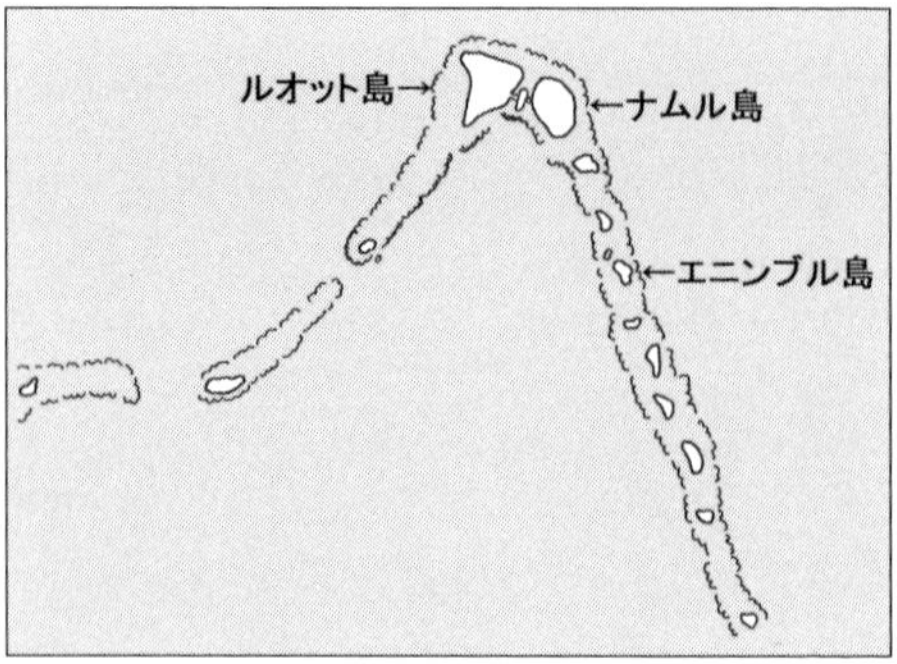

図4-2　ルオット＝ナムル島

実戦部隊ではなかった。

クェゼリン島は二月五日に、ルオット島は二月二日に、ナムル島は三日に玉砕している。

今回の調査場所は、北部のルオット＝ナムル島のうち、ナムル島から南に三つ目のエニンブル島である。この小さな島には、通信基地があった。米軍は、当時、ルオット＝ナムル島を攻撃する一日前の二月一日に、このエニンブル島に上陸攻撃を加えて制圧している。

八体ではなかった——一度目の鑑定

二〇一四年九月一日、私は、エニンブル島の砂浜から出土した人骨の鑑定のために、マーシャル諸島の首都マジュロを訪問した。マジュロは、二〇一一年のミリ島での遺骨収集（第5章1参照）に行って以来三年ぶりである。

エニンブル島から八体のアジア系人骨が出土した、という前出の報道は、ハワイに本部があるＪＰＡＣ（米国戦争捕虜および戦争行方不明者遺骨収集司令部）の人類学者が二〇一四年四月に鑑定を行った結果であった。

このＪＰＡＣは、本書冒頭で簡単に紹介したが、主に第二次世界大戦・朝鮮戦争・ベトナム戦争・湾岸戦争等のアメリカ人戦没者の行方不明者を探している組織である。第二次世界大戦中、アメリカ軍は一六〇〇万人の兵士を動員し、四〇万人以上が戦死している。このうち、現在でも七万二〇〇〇人が行方不明だという。日本人の行方不明の戦没者が一一三万人であることと比較すると桁が二桁も異なるが、これはアメリカ軍が最後の一兵まで探し出すことを目標として数百人の職員を動員し、日夜努力しているからである。なお現在は、いくつかの機関が合併され、ＪＰＡＣは二〇一六年からＤＰＡＡ（米国防総省捕虜・行方不明者調査局）と名称変更されている。

件の人骨は、マジュロにあるアレレ博物館に安置してあった。私は、九月二日の午後から九月四日までかけて鑑定し、九月五日に鑑定書を提出した。箱は一六箱あり、それぞれにリストがつけられているが混ざっているようである。こういう場合、人骨をそれぞれの部位ごとや左右別に分けて鑑定をしていくのが常套手段である。その結果、以下のようになった。

頭蓋骨——七体
下顎骨——七体
鎖骨——右が六体・左が七体
胸骨——三体
第一肋骨《ろっこつ》——右が五体・左が四体
肩甲骨《けんこうこつ》——右が七体・左が八体
第一頸椎——六体
第二頸椎——六体
上腕骨——右が六体・左が八体
橈骨——右が六体・左が八体
尺骨——右が六体・左が八体

寛骨——右が九体・左が七体
仙骨——八体
大腿骨——右が八体・左が八体
脛骨——右が九体・左が九体
腓骨——右が四体・左が四体
膝蓋骨——右が八体・左が六体
第一中足骨——右が七体・左が八体
距骨《きょこつ》——右が八体・左が七体
踵骨《しょうこつ》——右が九体・左が八体

これをご覧になってお気づきだろうか。アメリカの人類学者の鑑定では八体となっていたのに、私が詳細に鑑定してみると、右寛骨・左右脛骨・右踵骨は九体であったのである。性別は九体すべてが男性であり、死亡年齢は全員が成人であり、身長は一五一・四〜一六七・八センチと推定された。

写真4-1　発掘中の状態。長年堆積したゴミを取り除いている。

追加発掘調査——二度目の鑑定

二度目の鑑定では、人骨が発見された現地に行くことになった。エニンブル島を発掘調査して、追加人骨を発見することになったのである。

私は、二〇一四年一一月八日から同二一日まで派遣された。一一月一〇日にクェゼリンに到着し、米軍の施設に宿泊した。一一月一一日は、たまたま退役軍人の式典があり我々も出席した。実は前の日の夜、当時の在マーシャル米国大使館のアンブラスター大使とバーでご一緒し、誘われたのであった。夕方、米軍定期便飛行機に搭乗し、クェゼリンからロイ＝ナムルへ移動した。移動時間は約二〇分であったが、上空から見るとクェゼリン環礁の全体像がよく見えた。発掘調査は一一月一二日から一四日の三日間行われた。

現在、米軍はこのクェゼリンを基地化しており、大陸間弾道弾の迎撃システムの研究を行っていると言われている。そのためか、グアムとハワイ間のアイランド・ホッパーと呼ばれる、いわば各駅停車の飛行機は、他の空港では乗客が降りることが許されているが、このクェゼリンだけは許されておらず、駐機中も機内に滞在しなければならない。実際、基地で働く従業員の親族がこの地を訪問する際も、一〇回申請して一回許可されるかどうかだという。

エニンブル島はナムル島から三つ目の島であり、現地では「サントウ（三島）」と呼ばれていた。エニンブル島はロイ＝ナムル島で働く現地人の集落があり、その間には定期便のフェリーが運航している。

人骨発見現場はエニンブル島の北部にあるが、ゴミ捨て場となっていた。九月の調査時に作業員を頼んでゴミを除去していたが、それでもまだ五〇センチは堆積していた。

銃殺された兵士たち

ゴミを取り除いてもらうと、約八メートル×九メートルの本来の砂浜が姿を現した。早速、発掘調査を進めると、三体の人骨が姿を現した。

ところが、どうも様子がおかしい。きちんと埋葬されたようには見えなかったのである。三体は並んで発見されたが、三体ともに俯《うつぶ》せで両手を上に挙げている状態である。観察すると、肋骨も上に伸び切っている状態である。つまり、どうもこの三体は思いっきり両手を挙げた状態で亡くなったのではないかとみられるのである。

よく観察すると、三体の真ん中の人物は、少し両手を前の方に引き寄せている。頭蓋骨に目を移すと、後頭部の後頭骨に丸い孔が認められた。これは、映画でもよくあるが、とどめをさすための拳銃による孔だと推定した。

この三体の人骨に、左から一号・二号・三号と番号をつけた。一号は約二〇歳代男性で身長約一五二センチから一五八センチ、二号は約二〇歳から三〇歳代男性で身長約一五七センチから一六〇センチ、三号は約十代後半から二〇歳男性で、身長一五七センチから一六〇センチと推定された。

恐らく、真ん中の二号の少し年配の人物が上官であろう。この二号人骨は歯があまり丈夫ではなかったのか、あるいは甘い物が好物だったのか、齲蝕《うしょく》の治療痕があった。虫歯である。また、下顎左右第一大臼歯は金属の被《かぶ》せものがなくなっていた。恐らく金製の歯が被せてあったのであろうが、アメリカ人兵士に死後奪われたのであろう。このような死体損壊は、多くの戦場で認められたという記録が残っている。

私は出土状況を踏まえて、こう推定した。この上層の三体は、恐らく後ろから銃殺された。その際、真ん中の上官か誰かが音頭をとって「天皇陛下万歳！」と叫び、両手を挙げたとこ

写真4-2　上層で発見された3体の人骨

ろで銃殺され絶命したのだろう。左右の人物たちはそのまま絶命した。ところが、真ん中の人物だけはまだ虫の息があり、伸ばした両手を前の方に引き寄せているところで、後ろから拳銃で後頭部に一発の銃撃を受けて絶命した。

この私の推定に対しては、いくつかの批判が出された。まず、三体の出土状況は二人が死体の腕と足の部分を持って投げ捨てた結果だろうとするものである。また、なぜ「天皇陛下万歳」と言ったと推定できるのかという批判もあった。

この批判に答えるには、その下層の人骨の説明が必要である。

なぜ「天皇陛下万歳!」と叫んだか

三体の人骨を取り上げ、さらに下に掘り進めた。すると、また三体が出土した。これらは、上層人骨に続いて、四号・五号・六号人骨と番号をつけた。

六号人骨は横を向いた状態で埋葬されており、約二〇歳代男性で身長は一五八センチから一五九センチと推定された。次の二体は、やはり出土状況が異常だった。二人は上と下に重なって出土しており、上の人物は右手で下の人物の顔を抱えていた。また、下の人物は両手で腹を押さえていたのである。上は四号人骨で、二〇歳代後半男性で身長は約一六七センチから約一七二センチと推定された。この四号の下の五号人骨は、十歳代後半の男性で、身長は約一五八センチから一六三センチと推定された。四号人骨は靴から将校だとわかり、五号人骨は少年兵ではないかと推定された。

この出土状況の推定はこうである。恐らく下層の三体のうち二体は、銃殺されたのだろう。銃殺の時、覆いかぶさった人物が銃殺の瞬間立ちはだかったのか、あるいは下の人物が死ぬのを怖がり、それを上の人物が慰めている状態で銃殺されたのではないかと見られる。

時系列で考えると、下層の二体が先に銃殺されている。では、どうして、六人を同時に銃殺しなかったのだろうか。私は、一連の行動を以下のように推定している。

エニンブル島に米軍が上陸し、主に、通信基地の軍人たちが島の北から本島のルオット＝ナムル島へ脱出しようとした。ところが、そこを米軍に発見され島の北海岸に集められた。恐らく、二〇一四年九月に発見された九体と、一一月に発見された下層人骨のうち一体はすでに死体となっていた。つまり、この場所では、一五人の日本軍人がいたことになる。米軍兵は捕虜にした五人に一〇人の遺体を埋葬するよう命じた。五人は炎暑の中、協力して砂浜を掘った。そして、一〇体を埋葬した。

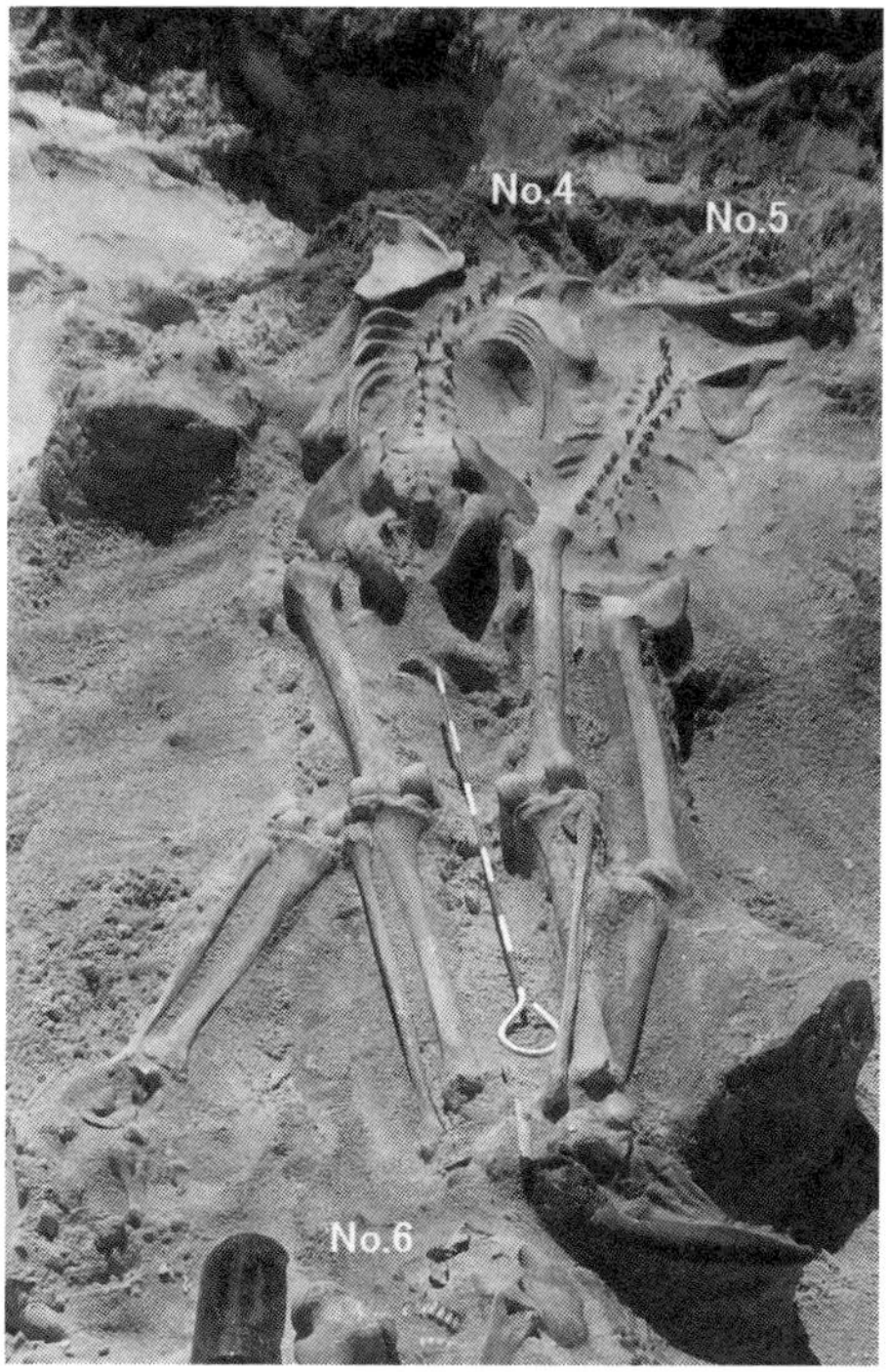

写真4-3　下層で発見された3体の人骨

　埋葬し終わったのを見届けると、米軍兵はさらに砂浜を掘らせた。そして、まず二人を銃殺した。銃殺の際、まだ若い兵士は殺されるのが怖く小刻みに震えたのか、あるいは泣いていたのかもしれない。少し年配の将校がその少年兵を慰めたか、あるいは銃殺の瞬間に立ちはだかり、そのまま二人が銃殺された。米軍兵は、残りの三人に、この二人の埋葬を命じた。上から砂をかけさせたのである。そして最後に、三人の銃殺の順番となった。三人は、二人が銃殺されたのを目撃している。覚悟を決めた三人は、声を揃えて「天皇陛下万歳！」と叫び、両手を強く上に挙げた瞬間、銃殺された。ところが、三人の真ん中の人物はまだ絶命しておらず、両手を手前に動かしていた。米軍将校が、拳銃をホルスターから取り出し、後頭部にとどめの銃撃を加えた。米軍将校は、最後に米軍兵士に命じ、三体に砂をかけさせた。以上が、私の推論である。

戦史の本には、日本軍兵士は万歳突撃の際に「天皇陛下万歳！」と叫びながら突撃したとある。一方、歴史家の中には、多くの日本兵は「お母さん！」と言って絶命していったと書く者もいる。だが「天皇陛下万歳！」と言って両手を挙げる行動は自然だが、「お母さん！」と言って両手を挙げるのはいくら何でも不自然である。

ラボ鑑定でのハプニング

私は、遺骨収集の現場では地元の埋蔵文化財担当者や作業員に対し、できるだけ人骨の説明を行うことにしている。性別の違いや骨の右と左の見分け方等である。これを行うことで、繰り返し行く場所では、次回から作業が楽になるのである。

今回も、マーシャル諸島の歴史保存局のお偉方のメイベル・ピーターさんが同行していた。彼女は、猛暑の中、現場で人骨のクリーニングを行ってくれた。私はいつものように、骨について彼女に現場で講義をした。

発掘調査を終えた翌日の一一月一五日、私はクェゼリン島にある法医学ラボの法医人類学者レズリー・ミードさんに呼ばれた。このラボに、まだ人骨があるので鑑定してほしいという要請であった。私は、早朝、ロイ＝ナムル空港から米軍の定期便の飛行機に搭乗し、約二〇分かけてクェゼリン空港へ移動し、彼女のラボを訪問した。

このラボで、レズリーさんに見せられた約一〇〇〇点の人骨を次々と鑑定していった。しばらくすると、レズリーさんが来て「この骨をどう思う」と尋ねてきた。その骨は確かに白いが通常の戦争中の人骨とは異なり、少し古そうに見えた。「これらは、少し古そうだし、すべて小さくて女性のようですね」と答えると、ウィンクして「その通り、これは約一〇〇〇年前の骨です。年代測定結果が最近わかりました」と答えた。私をテストしたのかと思い、少しむっとした。「私はこれまで、シリア、ケニア、インドネシアで先史時代人の発掘調査を行っており、人類進化を研究していたのです」と伝えると、彼女は納得したようだった。

ようやく鑑定が終わり、ラボにある実物全身骨格を見ると、そこには「マリア」と名札がつけられているのが見えた。女性なのかなと思い全身骨格を見ると、これはどうも女性ではなく男性であることが頭蓋骨や寛骨からわかった。そこで、「これは男性だから、マリアではなくマリオと改名した方がよさそうですね」と告げると、少し驚いたようだった。

ここで、ハプニングが起きた。同行していたマーシャル諸島歴史保存局のお偉方、メイベル・ピーターさんがこう発言したのである。「あら、あなた性別もわからないの？　私は楢崎先生に現場で教わったから、私にもこれが女性だとわかるわよ」。私は、しまったと思ったが、もう後の祭りである。しばらく気まずい空気が流れた。

大使への報告

クェゼリン環礁では、一九六八年から収骨が始められている。この環礁における戦没者は約八二八〇名と推定されているが、これまで、わずかに一二〇体しか収骨されていない。やはり、米軍基地があるため、収骨が進んでいないのであろう。今回、一度目の鑑定で九体を、そして二度目の鑑定で六体を収骨したので、合計一五体となった。これまでとあわせて一三五体である。これでもまだほんの一部であり、まだまだほとんどのご遺骨が残っている。恐らく集団埋葬地がどこかにあるのだろう。将来的にさらなる調査が望まれる。

ちなみに、日本側の戦史では、エニンブル島の戦死者は三四名と記録されている。今回の調査で一五体が収骨されたため、まだ、一九名が残っているはずであるが、実際は海に流されたりすることも多い。どれだけ島に残されているかは不明である。

二〇一四年一一月一七日、わたしたちはご遺骨と一緒に、ロイ゠ナムルからクェゼリンへ、そしてマジュロへ戻った。翌一八日の昼頃、報告書も完成し、午後には日本大使館とアメリカ大使館へ報告に出向いた。アメリカ大使館では、一週間前にお会いしたアンブラスター大使に口頭で説明し、報告書をお渡しした。大使は「もうできたのか。かなり早いな。アメリカのＪＰＡＣだと、半年から一年もかかるのだが」と驚いておられた。

我々は、アメリカ軍兵士が日本軍兵士を銃殺した証拠を見つけてしまったために、何か気まずい雰囲気で、何を言われるかびくついていた。その昔『レマゲン鉄橋』という戦争映画があり、アメリカ軍兵士が戦死したドイツ軍兵士から時計を奪っているシーンだけで、国防総省からクレームがついたとも聞いていたからである。ところが大使はこう言った――「時代が違う。お互い様だ」。一同、ほっと胸をなで下ろした。

我々は一一月二〇日、マーシャル諸島のマジュロからグアムへ移動し、翌二一日にグアムから成田へと帰国した。

この帰路、グアムで私は悲しい報せをメールで受け取った。私の恩師の一人、香原志勢先生が一六日に享年八六歳で亡くなったというのである。香原先生は、かつて九州の福岡県小倉で朝鮮戦争での米軍戦死者の鑑定をなさっていた。実は今回、マーシャル諸島へ出かける前に入院中の香原先生を、馬場悠男《ひさお》先生（国立科学博物館名誉研究員）と見舞っていた。マーシャル諸島へ遺骨鑑定に出かける私を激励してくださった香原先生だったが、あまりに具合が悪そうで、馬場先生に香典を預けようかと思ったほどだった。残念ながら私の予想はあたってしまった。

2 集団埋葬の島――サイパン島

万歳突撃するも全滅

サイパン島は、北マリアナ諸島に属し、東京から約二四〇〇キロメートル、飛行機で約三時間三〇分で到着する常夏のリゾート地である。ただし、日本人観光客は減りつつあり、成田空港からの直行便は二〇一八年五月以降なくなる予定である。北マリアナ諸島の主要な島は、北から南へ、サイパン島・テニアン島・ロタ島・グアム島と連なっている。

サイパン島は、一九四四（昭和一九）年に「絶対国防圏」に指定され、陸軍の小畑英良《おばたひでよし》中将が第三一軍司令官として着任した。当時、サイパンは小畑中将麾下の第三一軍を主とする陸軍三万一八〇五名と、南雲忠一《なぐもちゅういち》海軍中将麾下の第五五警備隊を主とする海軍一万五一六四名の、合計四万六九六九名が守備にあたっていた。この数は、小さな島にしては多い。それは、このサイパンを米軍に占領されると、東京への空襲が可能となるからである。

米軍は一九四四年六月一五日に、サイパンの西海岸に上陸攻撃を行った。やがて、日本軍はタッポーチョ山に追われ、さらに、南から北へ追撃する米軍に追い込まれていった。そこで、追い詰められた日本軍および民間人多数が、スーサイドクリフ（自殺の崖）と呼ばれる山の断崖絶壁やバンザイクリフ（万歳崖）と呼ばれる海に面した断崖絶壁から飛び降りるという悲劇が起きた。その犠牲者の正確な数は不明であるが、約八〇〇〇名から一万名と推定されている。

一九四四年七月五日、タッポ

図4-3　サイパン全図

ーチョ山から地獄谷に司令部を移した軍司令部は、玉砕攻撃を決定し、残存部隊に集結命令を出した。生き残った敗残兵は、続々とタナパグ海岸近辺の山に集結しだした。この中には、兵士のみではなく、在郷軍人・警防団員・青年団員等一般民間人の男性多数も含まれていた。この時、多くの兵士には武器もなく、最初から武器を持たない民間人たちは、棒の先に鋏を取り付けたり、ナイフを取り付けたりして武器代わりとした。中には、ただ石を持っていただけの民間人もいたと言われている。

一九四四年七月六日、齋藤義次中将・井桁《いげた》敬治少将・南雲忠一《なぐもちゅういち》中将が自決した。最高司令官の小畑中将はサイパンの上陸攻撃が行われた際、パラオに出張中で戻ることができずにグアムで指揮をとっている。真珠湾攻撃・ミッドウェー海戦を指揮した海の司令官南雲中将は陸で最期を迎えた。

翌七月七日午前三時、集結した一行は北西部のガラパンを目指して万歳突撃を敢行した。ところが、この万歳突撃は、すでに捕虜となった日本兵から米軍に情報が筒抜けになっており、タナパグ海岸付近で待ち構えていた米軍の反撃を受け、全滅してしまう。一部の日本兵は、海岸まで到達したがほとんどが海岸の手前で薙ぎ倒された。夜が明けると、タナパグ海岸には四三一一体もの死体が死屍累々と積み重なっていたという。

さすがに、それだけの数の死体処理は大変だったのか、米軍はブルドーザーで溝を掘り、その中に次々と死体を投げ込んでいった。米軍の記録写真の中には、丁寧に並べてあるものもある。だがこれは、恐らく丁寧に扱ったという記録用で、真相は異なっていただろう。サイパンにおける日本兵の戦死者は、陸軍が二万八九五八名で海軍が約一万五〇〇〇名の合計四万三九五八名である。

私は、このサイパンの遺骨収集調査に四回派遣された。二〇一二年九月、二〇一二年一二月、二〇一三年三月、二〇一七年八月である。このうち、最初の三回は集団埋葬地の調査であり、最後の一回は洞窟の調査であった。

古くから知られた集団埋葬地

一九四四年七月七日、日本軍はサイパン島北西部にあるタナパグ海岸周辺で万歳突撃を行い、組織的戦闘は終了した。米軍にとって、真夏で腐敗の早い日本兵の遺体の処理が急務だった。そこで、ブルドーザーを使って細長い溝を掘り、そこに遺体を埋葬することにした。一枚の写真がある。そこには、米軍のブルドーザーが長い溝を掘っており、その溝の横には多くの日本兵の遺体が無造作に横たわっているという構図だ。日本人なら誰でも目をそむけてしまう写真だが、これが戦争の現実である。

このタナパグ地区における集団埋葬地の存在は古くから知られており、厚生省による調査が一九九二年、一九九四年、一九九五年に実施されており、それぞれ七五体、四八二体、一四八体の合計七〇五体を収骨している。一九九五年までに、サイパン島全体では約二万七〇〇〇体が収骨されていると言われていた。

その後、二〇一一年の五月から六月にかけて民間団体による調査が二回行われた。遺骨情報を得て、厚労省は二〇一一年八月から九月と二〇一二年七月に調査を実施している。この四回の調査で、集団埋葬地が三カ所特定された。

私が派遣される前の二〇一一年九月には琉球大学の人類学者・土肥直美先生が派遣され、大腿骨の鑑定から集団埋葬地1には一〇三体、同2には四四体、同3には四四体の合計一九一体と鑑定された。ブロックレベルでは、集団埋葬地1に一四六体、同2に五一体、同3には五一体と推定され、合計二四八体と推定されている。ところが、現地での推定では、集団埋葬地1に一三六体、同2に二一四体、同3に一九三体、計五四三体と推定された。大腿骨による推定と現地の推定では二倍以上異なるため、問題点として報告されている。

ホテルの埋葬地――一度目の派遣

一度目の派遣は、二〇一二年九月一七日から同二八日に実施された。厚労省からの団長が星川信貴さん、補助員が中山亜理沙さんだった。サイパンに着いて一番驚いたのは、この集団埋葬地が発見された場所である。サイパン北西部にある高級リゾートホテルの敷地内にあったのだが、実は私はこのホテルに一九九二年、ちょうど二〇年前に宿泊したことがあったのだ。

と言っても、プライベートの旅行で来ていたのではない。第1章でご紹介したように、当時私は、パラオのペリリュー島へ日米合同調査に来たが、調査が実施できずに帰国しようという日に、グアム大学の倉品先生から電話をいただいたのだ。ロタ島で古代人が出土したので鑑定をしてほしいという依頼であった。そこで急遽、ロタ島で人骨を掘り上げて人骨を組み立て、写真撮影を行い計測をして報告した。この先史人女性の歯には、ビンロウジュによる色素沈着が認められ、興味深い事例だった。

その後、ロタ島からサイパン島へ移動し、そこでファン・ババウタさんに面倒をみてもらったのだ。このババウタさんに泊めていただいたのが件の高級ホテルだった。私は「こんな高級ホテルに泊まるほどお金は持っていない」と伝えると、「倉品さんから頼まれているのでタダだ」とババウタさんがにっこり笑った。ババウタさんは、後の二〇〇二年から二〇〇六年にサイパンを含む北マリアナ諸島の知事を務めている。まさか、そのホテルの敷地内で日本兵の遺骨が発見されるとは、夢にも思わなかった。

写真4-4　後にDNA鑑定で身元が判明した遺骨

南方で初めてのDNA鑑定成功

サイパンで出土する人骨には、四つの年代が考えられる。古代チャモロ人、第二次世界大戦以前、第二次世界大戦中、現代である。古代チャモロ人の墓は、土器や人骨の歯に認められるビンロウジュによる色素沈着の有無で特定が可能である。第二次世界大戦以前では、ドイツ領であったためにドイツ人の可能性があるが、確率は低い。第二次世界大戦中が一番大変で、現地チャモロ人、日本人、アメリカ軍兵士のいずれもが考えられる。しかしながらそれも、人骨に伴う出土遺物で判別が可能である。

集団埋葬地で発掘調査を始めると、地

面からわずか三〇センチぐらいから一体の人骨が出土した。埋葬状態は両手を広げた仰臥伸展葬であり、手榴弾やバックル等も一緒に出土した。その出土状況から、私は将校ではないかと思った。靴底も出土したが、恐らく元々は地下足袋であったと推定される。実は、この一九四四年七月七日の万歳突撃では、日本軍兵士には地下足袋を履いて参加するよう命令が出たという。軍靴では大きな音がするが、地下足袋は音を出さないからだと言われている。

この地下足袋の靴底には、「星」のマークがついていた。私の世代には、月星ゴムとして記憶があるが、当時の社名は日華護謨工業株式会社であった。そしてその他に、印鑑ケースと印鑑が出土した。この印鑑は、苗字だけではなくフルネームが刻まれていた。その苗字は特徴があり、日本では、奈良県と香川県に多いことが判明した。

遺骨を鑑定すると、二〇歳代後半から三〇歳代の男性と推定され、上顎切歯はシャベル型切歯であった。身長は、一五五センチから一五九センチと推定された。この方は、後に歯からのDNA鑑定でご遺族が判明し、七〇年以上を経て故郷の香川県に還った。予想通り将校であった。そしてこれが、南方地域でDNAが検出された最初の事例であった。

一般的にDNAはシベリア等の寒い地域では保存状態が良いが、南方地域では暑さでDNAは残存していないと考えられていた。ところが、そのDNAが残存していたのだ。当時の法医学関係者の間では大きな話題となったという。

その他、丁寧に掘っていくと、三体が俯せで折り重なった状態で発見されたり、中には、ヘルメットから眼鏡までそのままの状態で発見されたものもあったりした。また、たくさん見てわかったことは、ご遺骨の多くの金歯や銀歯等が一切取られていないことであった。

死体損壊

太平洋地域の人骨を鑑定していると、米軍の上陸攻撃があった激戦地であればあるほど、金歯や銀歯が抜き取られている。これは、死体損壊にあたるが、実際にペリリュー島であったことがユージン・スレッジが書いた『ペリリュー・沖縄戦記』（講談社）に書かれている。また、前出の本を原作としてアメリカでテレビ映画化された『ザ・パシフィック』でも描かれている。それは、米軍兵士が死んだと思っていた日本兵の金歯を抜き取ろうとすると、その日本兵はまだ息があり暴れたため、拳銃で頭を撃ちぬいて殺害してから金歯を抜いたという描写である。

その他、私にはアメリカやカナダ、オーストラリア、ニュージーランド等の日本大使館に寄せられた、さまざまな金歯や歯について写真鑑定を行った経験がある。第二次世界大戦当時、太平洋やニューギニア等で従軍し現地で日本兵から歯を抜き取る死体損壊を行って帰国して保存していたものの、人生を終える前に贖罪の気持ちから日本に返還したいと申し出る退役軍人が多いのである。あるいは、亡くなった後で、遺族が持ち込む場合もある。

ただし、誤解があってはならないが、前出の本にはペリリュー島において、日本兵が米軍兵士の死体を切り刻んだという描写もある。死体損壊は、日本軍も米軍のどちらもが行っていたのである。戦争や戦場という狂気がなせる業なのだろうか。

この調査時の遺物を見ると、日本兵のものである認識票、小銃弾、ヘルメット、バックル、水筒に加えて、裁ちばさみや床屋さんのカミソリ等が出土していた。これらの遺物は、義勇軍として参加した仕立て屋や床屋の主人だったのであろう。職業まで推定できる遺物であった。

今回の調査で、一三五体が出土した。すべてが男性であり、年齢は一〇歳代後半から三〇歳代の範囲であった。身長がわかったのはわずか三体であったが、一五一センチから一六〇センチと推定された。さらに、多くがシャベル型切歯を有しており、日本人であると推定された。

保存状態の悪い骨——二度目の調査

二度目の派遣は、二〇一二年一二月四日から同一四日であった。いつものように、団長は厚労省の星川信貴さんで、補助員は中山亜理沙さん。この二度目は、一度目の集団埋葬地を

写真4-5　集団埋葬

さらに掘り進んだ。前回と大きく異なるのは、人骨の保存状態が上層と異なり悪いことだった。実際、骨はかなり脆く、特に気になったのは金属製の水筒やヘルメットまでも脆くなっていたことだった。これは、経年変化だけではなく、何か別の要因があるのかもしれないと直感した。

調査では、合計二八体が鑑定された。前回の一三五体と比べるとはるかに数が少なかった。そこで、私は今回、部位ごとに個体数を推定してみた。

すると、歯では一九体、右上腕骨で九体、左上腕骨で六体、右大腿骨で一三体、左大腿骨で一〇体、右脛骨で二体、左脛骨で三体という結果になった。当初の予想通り、やはり、歯が一番残存率が高いことが確かめられた。歯の白い部分であるエナメル質は人体では最も硬く、硬度が七であり、水晶と同じ程度である。骨の硬度は六以下といわれている。ちなみにダイアモンドが一〇、ガラスが五、鉄が四、大理石が三～四であるため、歯は鉄やガラスよりも硬いことになる。

当然、骨よりも歯の方が遺跡では残りやすい。私の経験では、埋葬された場所にもよるが土に埋葬されている成人の場合、中世では歯のみが、近世では全身骨格が残っている場合が多い。その経験則を示すように、サイパンの集団埋葬地でも歯の方が骨よりもよく残っているということになる。つまり、遺骨数を鑑定する際、歯が一番であり、次に大腿骨・上腕骨・脛骨の順番で有効であることが確かめられた。逆に、集団埋葬地では、橈骨・尺骨・腓骨はあまり有効ではないということである。

発掘が進むにつれ、人骨の保存状態に差があることが判明した。一度目の調査では上層を発掘すると、比較的保存状態が良くほぼ全身骨格が出土した。ところが、二度目の調査で下層を発掘すると、歯は多く発見されるものの、その他の四肢骨は破片が多かったのである。

この保存状態の差はなぜだろうか？　戦史を見ると、米軍は死体処理に石灰を撒いたりあるいは塩素酸ナトリウムを撒いたという。石灰は運動会の時などに校庭に白い線を引くのに使うものである。石灰が水分を含むと熱を持つことが知られている。また、塩素酸ナトリウムは酸であり、除草剤にも使われている。もし、石灰が撒かれていたと仮定すると、発掘作業の現場でも白い粉が目立つはずである。だが、そういう状態は認められなかった。すると、塩素酸ナトリウムの可能性が高いのではないだろうか。

ではなぜ、上層は影響を受けずに下層が影響を受けたのか。それは、たとえ上層に撒いたとしても、雨により上層から下層に流れたためだろう。つまり、下層の方が影響を受けやすかったと考えると矛盾しない。

真珠のネックレス

ある日、発掘をしていると、現場で皆がこれは何だろうと首をひねっていた。私が見に行くと、直径七～八ミリぐらいの白っぽい玉がかたまって出土していた。意見を求められたので、私は即座に「これは、真珠ですね」と答えた。真珠を通していたであろう紐は腐食して残っていないが、真珠には孔があいていた。その数から、普通のネックレスではなく、首元を何重にも巻くことができる長いものであったことがわかる。

発掘している戦没者は、皆、一九四四年七月七日の万歳突撃の犠牲者であると特定されている。米軍は四三一一体の遺体を確認し、その中に旧日本軍兵士の軍服を着た女性一体が含まれていたと記録している。ただ、この真珠のネックレスの持ち主は、歯の大きさから男性だと推定された。そうすると、女性がネックレスを身に着けていたのではなく、男性がネックレスを持っていたということになる。実際、ネックレスが出土した場所は腰のあたりであり、ポケットか雑嚢《ざつのう》に入れていたのであろう。

真珠には、日本で有名なアコヤ真珠、タヒチ近郊の黒蝶《くろちょう》真珠の他に、東南アジアの白蝶《しろちょう》真珠という種類があり、白蝶真珠は別名南洋真珠とも言われている。当時、南興水産株式会社が、パラオを本社として、サイパン、トラック諸島（現チューク）、ポナペ（現ポーンペイ）等に支店を置き、真珠を取り扱っていたという。

この方にいったいどのような物語があったのか。南洋真珠を故国に残る恋人か妻のために購入したのか、あるいは、現地の恋人にあげようと思って購入したが戦争に巻き込まれてその恋人が亡くなり、ついにあげる機会もなく戦死したのか。通常の遺骨収集では見られない出土遺物についつい思いをはせてみた。

邸宅の遺骨――三度目の調査

三度目の派遣は、二〇一三年三月一九日から同二六日に実施された。団長は厚労省の星川信貴さんで補助員は石垣拓真さんである。今回は、前二回の時とは違う場所の発掘調査を実施した。

二〇一二年、サイパン島のある邸宅で人骨が発見された。この邸宅の持ち主が庭作業中に人骨を発見したという。その遺骨情報を得て、翌年の二〇一三年に我々はその発見場所を訪問することができた。大きな邸宅の庭の端に小さな木が植えられていた。人骨発見場所の目印のために植えたという。

発掘を行うと、人骨とともに、日本帝国陸軍を示す星マークのついたヘルメット・銃剣の一部・ボタン・金具・認識票が出土した。私の鑑定の結果、約二〇歳代男性で、身長は約一五五センチと推定された。ただし、この方の身長は左橈骨から推定したため、もう少し高かった可能性が強い。これは、四肢骨の最大長と身長との相関関係は、上腕骨・大腿骨・脛骨の方が、橈骨や尺骨よりも高いからである。

この方の人骨の近くからは、二枚の認識票が発見された。戦死した部下の認識票を預かった上官だったのか、あるいは戦友の認識票を預かって上官に報告しようとしたのか。さまざまなストーリーが推定できた。

不思議な日本兵

今回は、集団埋葬地5の発掘調査を行った。するとまず、多くの武器弾薬とともに米軍のポンチョに包まれた人骨が発見された。米軍のポンチョに包まれた人骨というと、まずアメリカ兵であることが想定された。ところが、日本軍の認識票が出土したのである。つまり、この方は日本兵だということになる。確かに、骨も米兵にしては華奢である。しかし、一緒に出土したサングラスや万年筆、指輪等を見ると、どうも日本兵的ではなく、アメリカ兵的である。

あれこれと思案し、私は、この方は日本兵であったが、欧米に留学したことがあり、英語にたけていたと推定した。恐らく、戦闘初期で捕虜になり、まだサイパンの山に籠って抵抗を続けている日本兵に投降を促していたのではないかと推定した。せっかく捕虜となって命びろいしたのに、今度は日本兵の万歳突撃で戦死するとは、何という運命であろうか。

二〇一一年公開の映画『太平洋の奇跡――フォックスと呼ばれた男』は、このサイパン戦をテーマとしており、冒頭シーンでは万歳突撃の様子が、最後の方では日本人通訳が日本兵スナイパーにより射殺されるシーンが描かれている。そのようなこともあったのだろうか。

米軍兵士の発見

今回の一番の驚きは、米軍兵士の発見であった。まず、トレンチのそばから米軍のポンチョでくるまれた、あまり保存状態のよくない切歯が発見された。切歯とは、いわゆる前歯である。日本人であれば、この切歯の裏側がシャベルのように凹《へこ》んでいるシャベルが型切歯のはずである。ところが、この切歯はほとんど凹んでいなかった。私は、この切歯は米軍兵士であると鑑定した。

次に、驚くべき発見があった。ショベルカーで地面をかいていくと、人骨が発見されたのだ。見ると、下顎骨である。残念ながら、頭蓋骨はシャベルにひっかかって発見できなかった。埋葬した場合、どうしても、頭蓋骨は厚みがあるため、発掘調査では破損する場合が多い。早速皆で発掘すると、やがて、認識票が二枚出土した。

認識票は、各国により異なっている。日本軍の場合、一人に一枚しかない。ドイツ軍の場合、金属の認識票の真ん中で折れるようになっている。米軍の場合、二枚の認識票を首から下げているのだ。では、なぜ、二枚必要なのだろうか。米軍もドイツ軍も、ある兵士が戦死した場合、上官が一枚を保管し、残りの一枚は死体に残す習慣なのである。この方式であれば、死体でも確認できる。なかなか、優れたシステムだと思う。

件の人骨は、認識票を二枚持っていたということは、上官は戦死を確認しておらず、行方不明となっていることが推定できた。日本軍の万歳突撃による混乱の中で埋葬されたのであろう。

日本軍の認識票には、番号のみが刻印されている。一方、米軍の認識票には、姓名・血液型・親戚の名前と住所まで刻印されている。さらにまた、この兵士は、卒業リングを指にしていた。そこには〝39〟と刻印されており、一九三九年に高校を卒業したのだろうと思われ

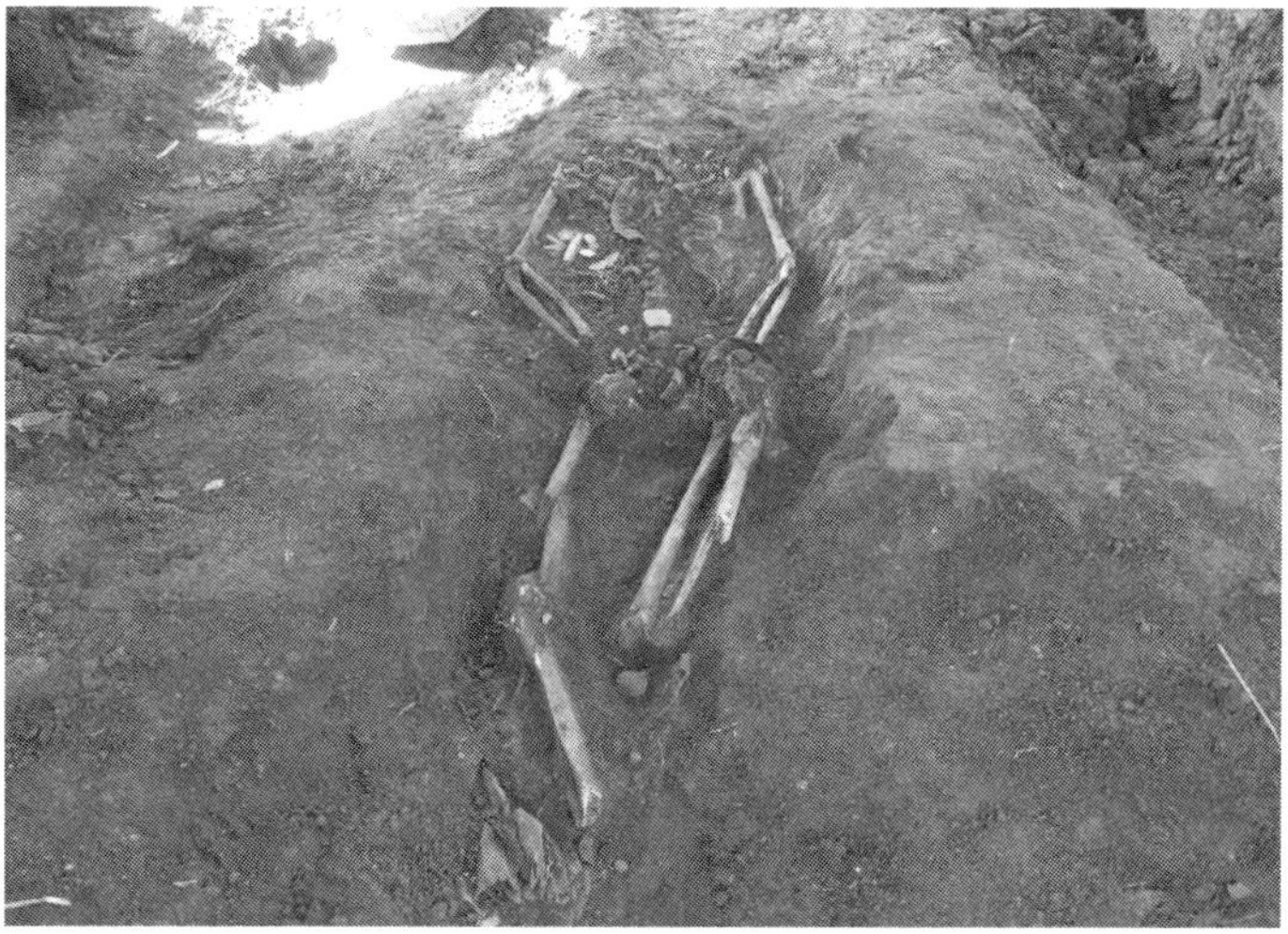
写真4-6　米軍兵士。後に、70年ぶりに故郷・アメリカに還った。

た。つまり、この兵士は高校卒業後わずか五年で戦死したことになる。後に判明するが、この兵士は戦死時に二四歳であった。

米軍兵士が出土したことは、日本青年遺骨収集団の赤木衛さんにより、ハワイの米国戦争捕虜および戦争行方不明者遺骨収集司令部に連絡された。やがて数日後、ハワイから人類学者と考古学者が到着し、その米軍兵士の発掘は引き継がれた。彼らは、その人骨をハワイに持っていきＤＮＡ鑑定を行った。その結果は、二〇一三年一二月四日に、身元が確認されたと発表されている。ご遺族によると、その米軍兵士は一九四四年七月七日、日本軍の万歳突撃の際に塹壕《ざんごう》で反撃していたが、日本兵がその塹壕に突撃して手榴弾を自爆させ二人とも戦死したという。二〇一四年四月二五日、七〇年ぶりにその米軍兵士のご遺骨は、故郷に帰って埋葬された。

不思議なチョウチョ

サイパンには、焼骨式を行い、収骨をして残った残灰《ざんぱい》を「中部太平洋戦没者の碑」の裏側に埋めるという習慣がある。この中部太平洋戦没者の碑は、サイパンのマッピに一九七四年に建設されたもので、碑文には「さきの大戦において中部太平洋の諸島及び海域で戦没した人々をしのび平和への思いをこめてこの碑を建立する」と刻まれている。

二〇一二年九月の時、この碑の裏側の朽ち果てた木の切り株に、多くの黄色いチョウチョが群がっていることに気づいた。そして、同年一二月の時にはそのチョウチョの数がかなり減り、二〇一三年三月の時にはついに一頭もチョウチョがいなくなっていた。

そこで、ようやく私は気づいた。このチョウチョの頭数は、戦没者の数と比例しているのではないか、と。二〇一二年九月には戦没者一三五体でチョウチョ十数頭、同年一二月は戦没者二八体でチョウチョ三頭、二〇一三年三月は戦没者二体でチョウチョ〇頭。つまり、戦没者一〇体に対してチョウチョ一頭ではないか。

この話を現地の日本人にすると「季節の違いですよ」と一笑にふされた。ところが、現地の人々に話をすると「その通りだ。チョウチョには精霊が宿っている。だから、私は息子にもチョウチョを捕らないようにと言っている」という答えが返ってきた。やはり、チョウチョは英霊たちで、きっと「収骨してくれてありがとう。これで、本当に祖国に帰ることができる」と言っていたのだろうと思う。

胸の痛む鑑定——四度目の調査

写真4-7　サイパン島のスーサイドクリフ。ここから多くの民間人が身をなげた。

四度目の調査は、二〇一七年八月一六日から同二七日まで行われた。今回は、これまでと異なり、厚生労働省による直接調査ではなく、日本遺骨収集推進協会による調査となった。団長は、日本遺骨収集推進協会理事で日本青年遺骨収集団理事長の赤木衛さんである。

赤木さんは、サイパン調査の際、毎回ボランティアで参加されており、すでに顔なじみである。今回は、以前調査した洞窟調査が主となった。戦争中、多くの民間人と

写真4-8　バンザイクリフ。ここから、「天皇陛下万歳」と叫びながら、多くの民間人が海に身を投げた。

日本軍兵士は、サイパン北部の洞窟に避難していたことが知られている。それまでにも、洞窟内の遺骨の収集が行われていたが、収骨漏れがあり、多くの洞窟では骨が晒されていた状態であった。観光客がその洞窟を訪問したりして非常に気の毒な状態である。ようやく約五年経って、この洞窟調査が許可され、我々はサイパン北部の洞窟一五カ所で収骨を行った。

洞窟で遺骨収集を行うと、集団埋葬地と異なる点が明らかになった。集団埋葬地では、戦史通り、毎回、出土するのは成人男性であった。ところが洞窟では、まさしく老若男女が出土するのである。

洞窟は当時避難していた場所であるため、平地にある集団埋葬地とは異なり急峻な山にある。そこに行くだけでも大変な場所であった。一同皆、汗まみれになりながらの調査である。結果、一六カ所の洞窟から、合計で五九体の遺骨を収骨することができた。この内訳は、三七体の成人男性、八体の成人女性、一四体の未成年が鑑定された。この中で、女性と言っても、若い女性のみではなく老齢個体の女性が多いことが特徴である。また、未成年と言っても、一歳、二・五歳、三歳、五歳、七歳、八〜九歳と、本当に子供が多いことも特徴である。

太平洋諸島を回って鑑定していると、ほとんどの島では、遺骨は男性のみである。つまり、日本軍兵士のみである。ところが、このように民間人が多数出土するのは、主にこのサイパン島と次節でご紹介するテニアン島のみである。法医人類学の立場からすると、他の島々では成人男性のみであるため、比較的鑑定は楽である。ところが、性別で男性と女性が出土し、死亡年齢が赤ん坊から老人まで出土するというサイパンやテニアンは、最も、難易度が高い場所であると言える。

戦後六〇年の二〇〇五年六月二八日、天皇皇后両陛下は、サイパンを訪問された。現地では、その時戦没者の霊が「弥栄《いやさか》」と叫んだと伝わっている。

3　不沈空母の島——テニアン島

飛行場をめぐる攻防

サイパン島の南、約五キロにテニアン島がある。面積は、約一〇一平方キロメートル。サイパンと異なり、テニアン島の北部は平地が多い。島の南部には標高一九〇メートルのカロリナス台地がそびえている。この北部に、日本軍は第一飛行場を建設し、その後、第二から第四まで飛行場を増設している。それだけ、北部には平地が多く、飛行場建設に適していたと言える。

当時、このテニアン島は、不沈空母と呼ばれていた。つまり、いくら攻撃されても沈まない航空母艦という意味だ。ただ、海を移動する実際の空母と異なり、島は動かないので標的としては発見されやすいという大きな違いがあった。

サイパン島で万歳突撃が行われた一九四四年七月七日の直後、七月二四日に米軍はこのテニアン島に上陸攻撃を開始した。当初、米軍は島の西側南部に上陸をすると見せかけ、日本軍の攻撃を受けると転じて西側北部の海岸に上陸したのである。

　戦史をひもとくと米軍は、最初に必ず日本軍の飛行場に攻撃を加えるという攻撃パターンをとっている。これは、日本軍が飛行機による攻撃をできなくするためと、その飛行場を奪取した後に空爆で穴があいた滑走路を修復して、米軍が飛行機を離着陸させるためである。

　飛行場を奪取されたテニアンの日本軍は、同日の真夜中に反撃を試みた。しかし、一夜にして守備隊の三割にあたる約二五〇〇名を失って南部に撤退している。米軍は、島の北部に上陸して第一飛行場を占領すると、徐々に南進を開始し、日本軍は民間人を含めて南部のカロリナス台地に後退を余儀なくされる。そして同年八月二日に万歳突撃を行い、翌日の八月三日に組織的戦闘は終了した。

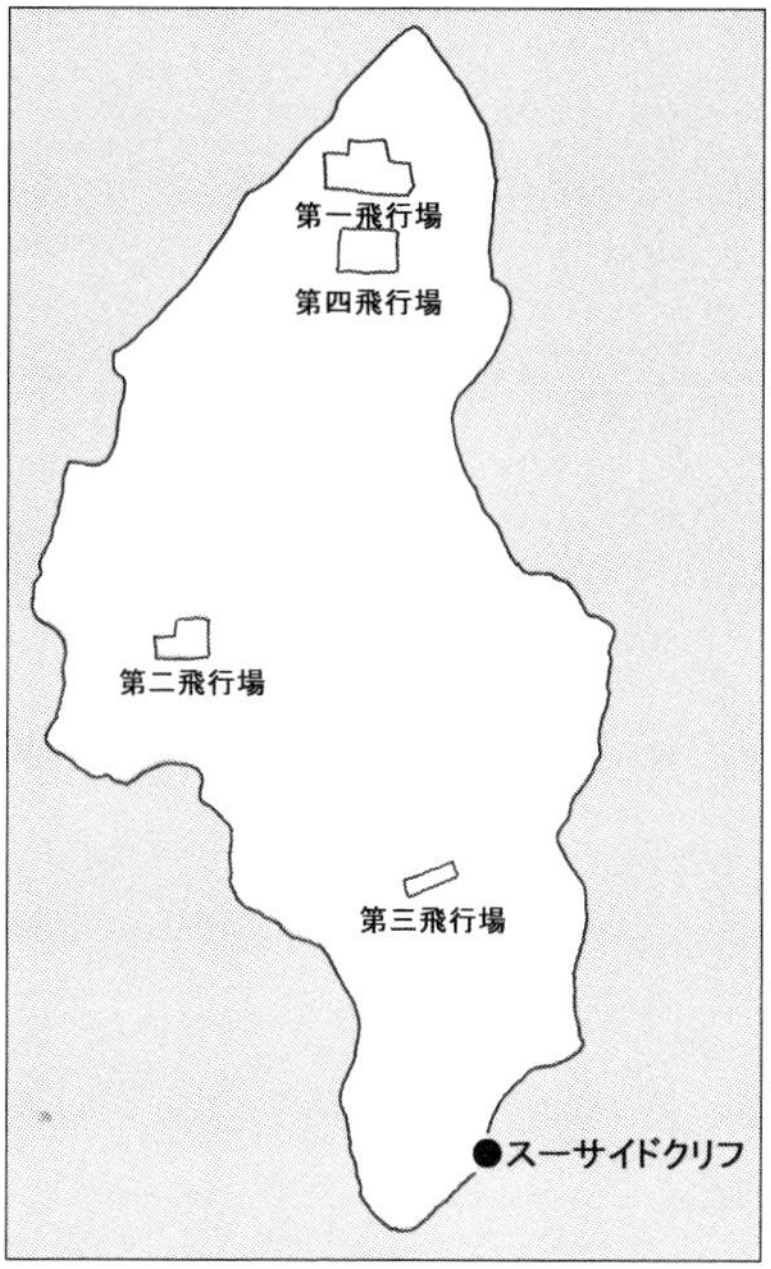

図4-4　テニアン全図

　当時、日本側の総指揮は、角《かく》田《た》覚治海軍中将がとっていた。陸軍は緒方敬志大佐麾下の歩兵第五〇連隊を主とする四〇〇一名、海軍は大家《おおいえ》吾一大佐麾下の第五六警備隊を主とする四一一〇名の、合計八一一一名が守備にあたっていた。角田中将は、八月二日の万歳突撃の際、手榴弾二個を両手に持って参加し、その後行方不明となっている。

知られざる民間人の悲劇

その後、悲劇が起こった。島の南に追い詰められた民間人がスーサイドクリフから次々と飛び降りたのである。サイパン島のスーサイドクリフやバンザイクリフは有名であるが、テニアンのことはあまり知られていない。テニアン島についての本を読むと、この近辺では手榴弾で自決をはかった家族や、銃で家族を撃ち殺した人、子供を先にスーサイドクリフから突き落とした後でたまたま生きながらえた人など、多くの悲劇が書かれている。

テニアン島での戦没者数は、約一万五五〇〇名と推定されている。このうち、陸海軍兵士が約七八〇〇名、義勇軍として参加した民間人が約三五〇〇名とすると、女性や子供を中心とする民間人約四二〇〇名が犠牲になったことになる。つまり、この島では軍人とほぼ同数の民間人が亡くなったという点が、他の島と事情が異なる。

当時、このテニアン島には約一万三〇〇〇名の民間人が居住していた。そのほとんどは、南洋興発の関係者で、主にサトウキビ畑で働いていたという。そして、住民は福島県と沖縄県出身者がほとんどだった。福島県人が多かったのは、南洋興発が福島県出身の松江春次《はるじ》に

写真4−9　テニアン島のスーサイドクリフ。ここから多くの日本人が身を投げた。

よって作られた会社であり、故郷の先輩を頼ってテニアン島へ働きに来たからだという。福島県会津からは、約二〇〇〇人が移住したと言われている。松江は「シュガーキング」、すなわち「砂糖王」と呼ばれており、サイパン島には今でも戦禍を切り抜けた銅像が建っている。また、正確な数は不明だが、テニアンに渡った当時の邦人の約七割は沖縄県人だったという。

余談ではあるが、松江春次の実兄は松江豊寿《とよひさ》という陸軍少将だった。この松江豊寿は、一九一四（大正三）年に徳島俘虜収容所長に就任し、一九一七年には板東俘虜収容所長に就任して、第一次世界大戦中の青島の戦いで降伏したドイツ軍捕虜を人道的に扱ったことで有名である。この物語は、二〇〇六（平成一八）年に公開された映画『バルトの楽園《がくえん》』として有名になった。ちなみに「バルト」とは、ドイツ語で「ひげ」の意味である。主人公の松江豊寿を、俳優の松平健さんが演じていた。

サトウキビの島

私は、このテニアン島を二〇一三年三月、二〇一七年九月、二〇一八年三月と、三回調査する機会を得た。

一度目の調査で私は、二〇一三年三月一三日から同一九日まで派遣された。これは、前年の二〇一二年二月に日本青年遺骨収集団の赤木衛さんと井上達昭さん、そしてご遺族の伊藤久夫さんからの遺骨情報を得てのことだった。厚労省から団長・田邊幸夫さんと補助員の中山亜理沙さん、日本青年遺骨収集団の井上達昭さん、ご遺族の伊藤久夫さんと一緒だった。伊藤さんは福島県出身で、一家でテニアン島へ移住してきたのもやはり、松江春次が福島県出身だったからだという。

私は、二〇〇九年八月一日にＮＨＫで放映された『証言記録――市民たちの戦争』の「楽園の島は地獄になった――テニアン島」を見ていた。そこには、伊藤久夫さんも証言者としてテレビに出ていた。伊藤さんからは、戦争中のことを書かれた自叙伝『慟哭のテニアン島』（日本僑報社、二〇〇四年）と『戦後の我が歩み』（日本僑報社、二〇一三年）の二冊のご著書をいただいた。

伊藤久夫さんは、一九三四（昭和九）年一二月に福島県会津で生まれ、一家で一九三五（昭和一〇）年二月にテニアン島に移住した。伊藤さんはその時、生後わずか三カ月だった。伊藤さんが生まれた昭和九年は東北地方が冷害にみまわれ、小作農だったお父様は移住を決意したそうである。伊藤さんは、二人の妹さんをテニアンで亡くされている。

南洋興発は、一九二一（大正一〇）年に松江春次により創業されている。一九二三年、サイパン島のチャランカノアに工場を設立した。松江春次は、一八七六（明治九）年に福島県会津郡若松城下（現・会津若松市）で生まれた。東京工業学校（現・東京工業大学）を卒業した後、大日本製糖に入社し、その後にルイジアナ州立大学に留学した。日本で最初の角砂糖製造に成功したのも松江春次だという。その後、一九三〇（昭和五）年に、テニアン島のソンソンに工場を設立している。さらに、一九三五年にはテニアン島に第二工場を増設し、砂糖の一大工場となった。南洋興発はテニアン島で大規模なサトウキビ畑も経営し、当時、テニアン島での砂糖の全生産量は台湾に次いで二番目に多かったという。最盛期には、日本人だけで約一万五〇〇〇人が住んでいた。

テニアンの人々

調査二日目の三月一四日、午前一〇時五五分に成田空港を離陸した飛行機は、午後一時五五分にサイパンに到着した。ちょうど、三時間の空の旅である。しかし、現地は一時間進んでいるので、午後二時五五分に到着したことになる。

入国審査後、サイパン国際空港のすぐ隣にある国内線へ歩いて移動し、スターマリアナス航空のセスナ機に乗り換えた。ここで、驚くことを経験した。それは、全員が体重計に乗って体重を量るのである。我々男性はともかく、女性の中山さんは「あちらを向いていてください」と大声をあげていた。中山さんは誰が見ても痩せているが、若い女性の心情を察し、全員が向こうを向いたことは言うまでもない（なお、現在はカウンターにしか見えないように改良されている）。

サイパン空港を三時五五分に出発すると、眼下にサイパン島やテニアン島の全体像が見えて勉強になった。サイパンは、中央部に高い山が多い。一方、テニアンは、北部は平坦で、高い山は南部にしかない。サイパンからは、わずか約一〇分の飛行である。二〇一〇年まではフェリーがあって毎日運行していたらしいが、観光客が減少したため、今ではこのセスナ機がテニアンへの唯一の渡航手段である。二〇一三年当時、フリーダム・エアとスターマリアナス・エアとの二つの航空機会社が運行していた。

調査三日目の三月一五日、朝食をすませると、午前七時四〇分にテニアンの歴史保存局へ出向いた。テニアンの歴史保存局の責任者カルメン・サンチェスさんは肝っ玉母さん、いやお孫さんもいるので肝っ玉お祖母さんという外見であった。元々はヤップ島出身で、戦後になってからテニアンへ移住したという。しかも、元々は歯科教育を受けた歯医者さんという異色の経歴の持ち主である。

また、クレイグ・ウィーヴァーさんという、テニアン在住の考古学者にも会うことができた。サイパンやテニアンでは、遺骨収集の際に現地の考古学者が立ち会う必要がある。このテニアンの歴史保存局は小さい建物だったが、わずかに遺物が展示してある。その展示ケースの裏側に、これまで収集された人骨が保管してあった。チェックすると、基本的にほとんどが人骨であり、混ざった獣骨はわずかであった。早速、全員にお願いして刷毛で土を落としてもらった。

午前九時四〇分には、テニアン市長のラモン・デラ・クルーズさんと面会した。カウボーイハットを被った市長はなかなかのハンサムな方で、全面的に遺骨収集に協力すると申し出てくださった。

後で聞いてみると、市長のお父様も元市長だったが、長年携わっていたテニアンでの遺骨収集で遭難したとのことだった。ある日、いつものように山へ遺骨収集に出かけると伝えたまま行方不明となってしまったという。私も行ってみて気づいたが、テニアン島南部のカロリナス台地は険しい箇所もあり、もし落ちたりすると大怪我を負ったり場合によっては命を落としかねない場所である。仮に足を骨折して動けなくなっても、なかなか発見するのも難しそうだった。元市長も、そのようにして命を落とされたのだろうか。

女性と子供の「泣く骨」

昼食後、早速、洞窟調査が始まった。だがテニアンでの遺骨収集は、私の心を痛め続けることになった。それは、ほぼ男性のみの人骨が出土する他の地域とは異なり、テニアンでは多くの女性や子供の骨が出土するからである。

まず最初に訪れたのは、カスティーユである。岩と岩の裂け目のような場所で、数メートルも降りた場所に成人男性一体と約一歳と五歳の子供の骨が発見された。男性の身長は四肢骨の最大長から約一五〇センチから一五五センチと推定された。父親と子供だったのだろうか。母親は病死したのか、あるいは戦争が始まって亡くなったのか。それとも、両親が亡くなって気の毒に思った親戚か近所の方なのだろうか。さまざまな想像をしてみる。

次に韓国慰霊碑裏にある洞窟を訪問した。この洞窟は、あまり大きくはない。以前、成人

写真4-10　住吉神社近くで見つかった遺骨。野外でいまだに全身骨格が発見される。

の橈骨があったとのことで、その骨を隠していた場所を探すがどうしても見つからない。全員で懐中電灯を照らしながら洞窟内部を捜索する。しかし、やはり見つからない。

もう諦めかけた頃、中山さんが「これ、子供の骨ではないですか？」と質問をしてきた。私が手にとると、確かに人骨だった。しかも赤ん坊の橈骨である。その他にクレイグさんも足の中節骨《ちゅうせつこつ》も発見した。それにしても、成人の橈骨があったというのに、サイズが全く異なる同じ部位の赤ん坊の橈骨が見つかるとは、不思議なこともあるものだ。

ここで時間切れとなり、この日の調査を終了して歴史保存局に戻った。車の荷台に乗っていると、後ろから私の肩を叩く人物がいた。振り返ると、何と元グアム大学の倉品博易先生ではないか。本当に驚いた。聞くと、タガ遺跡の発掘調査を見学しに来られたという。

カルメンさんから、夕方より歴史保存局の隣でバーベキューをするから来ないかというお誘いをいただいた。早速、団長の田邊さんと差し入れ用のビールを買いに行った。バーベキューパーティーで、倉品先生から詳しく聞くと、オーストラリア人考古学者と台湾人人類学者の夫婦が発掘調査を行い、そこから重要な遺物や埋葬人骨も発見されたとのことである。詳細はその報告が出版されるまでわからないが、よいタイミングに居合わせたものだと感激した。

調査四日目の三月一六日、住吉神社跡近くに行くと、あまり人も立ち入らないであろう山中に、一体の全身骨格を発見した。七〇年近く経っても、まだ野外に全身骨格が発見された事実に驚きを隠せなかった。鑑定してみると、約二〇歳代から三〇歳代の男性一体であることがわかった。身長は、四肢骨から約一五二センチから一五五センチである。近くには遺物として、九七式手榴弾に懐中時計、ボタンなどが発見された。状況からは、ここで横になり拳銃でこめかみを撃ち抜いた可能性が高いと推定した。

調査五日目の三月一七日、私は鑑定書を仕上げるためにホテルに籠ったが、結局、徹夜で

写真4-11　焼骨式。この時、赤ちゃんの泣き声のように「ピー」という音が響き、参列者の涙をさそった。

の作業となった。今回は、九カ所から男性二六体、女性六体、未成年五体の合計三七体が出土した。女性や子供が多数出土したという結果に、本当に胸が痛んだ。

調査六日目の三月一八日、午前中にテニアン島で焼骨式を行った。事前に用意した木材を井桁《いげた》に組んで、その上にご遺骨を置き、点火する。しばらくすると「ピー」という音がしだした。その音は、まるで亡くなった子供が泣いているかのように聞こえ、参列者一同は涙を流した。冷静に考えると、空洞になっている四肢骨が火勢で笛のような音を出したのだろうが、あの音は今でも耳の底に残っている。

原爆の島

テニアン島は、一九四五年八月六日に広島へ、同八月九日に長崎へ原爆を投下したB29が飛び立ったことでも有名である。この原爆をテニアン島に運んできた米軍重巡洋艦は、インディアナポリス号であった。

一九四五年七月一六日、伊号五八潜水艦は広島県の呉軍港を出港した。やがて、同七月二九日午後一一時八分、潜水艦は敵艦を発見。午後一一時二六分、艦長の橋本以行《もちつら》少佐は魚雷六本を敵艦に向けて発射した。六本の魚雷のうち、三本が命中したのを確認し浮上すると、すでに艦影はなかったという。この時、潜水艦には人間魚雷の回天を搭載していたが、橋本艦長は出撃命令を下すことはなかった。後に、回天の搭乗員たちは艦長に激しく抗議したという。

撃沈されたのはインディアナポリス号であった。橋本艦長を含め乗員が撃沈した敵艦の名前を知ったのは、戦後になってからである。この橋本以行艦長をモデルとして、二〇〇九（平成二一）年に公開されたのが映画『真夏のオリオン』である。伊号七七潜水艦の姿と、その艦長倉本孝行を演じた俳優の玉木宏さんの冷静沈着な演技が記憶に残っている。

米軍の記録によると、インディアナポリス号は右舷に二発の魚雷攻撃を受け、弾薬庫が誘爆したためにわずか一二分で転覆し沈没したという。当時、乗員は一一九六名いたが魚雷攻撃で約三〇〇名が戦死。残された九〇〇名の乗員は、米軍の救出が遅れたために次々と溺死し、最終的に艦長のチャールズ・マックヴェイ三世大佐を含む三一五名が救出されたものの、約六〇〇名が溺死した。

問題は、戦後に起きた。一九四五年一二月、アメリカに呼び出された橋本元艦長は、ダグラスC54輸送機で一二月七日に日本を出発し、途中さまざまな場所で乗り継ぎながら一二月一〇日にワシントンDCに到着している。マックヴェイ三世艦長が、魚雷攻撃を回避するためのジグザグ航行を怠ったために撃沈されたとして、軍法会議にかけられ、橋本元艦長は証言を求められたのである。米軍は橋本元艦長に、ジグザグ航行をしていれば撃沈できなかったという内容の証言を期待していたという。しかし橋本元艦長は、たとえジグザグ航行をしていたとしても撃沈できたと証言し、結局マックヴェイ元艦長は無罪となり米国海軍を退役した。ところが、その後インディアナポリス乗員の遺族からの誹謗中傷を受け、一九六八年にピストル自殺している。

橋本艦長が乗船していた伊号五八潜水艦は、終戦後の一九四六年四月一日に米軍により魚雷で五島列島沖で沈められている。その潜水艦が沈められるシーンをフィルムで見た橋本艦長は、「あの艦は私の人生のすべてでした」と語り涙を流したという。戦後、橋本元艦長は、梅宮大社の神職に就いた。それは、重巡洋艦のインディアナポリスを撃沈させたタイミングが、帰路ではなく原爆の部品を積んでテニアン島へ行く時に撃沈していれば、広島や長崎への原爆投下を防ぐことができたのではないかと自分を責め、かつ人間魚雷の回天を出撃させて戦死させたことでも自分を責めたと言われている。二〇〇〇年、橋本以行は、九一歳でこの世を去った。この年、自殺したインディアナポリスの艦長、チャールズ・マックヴェイ三世艦長は米国連邦議会で名誉回復されている。

二度目の調査

二度目の調査は、二〇一七年九月一九日から同二四日に派遣された。本隊は、九月一三日から現地入りしている。なお、一度目は厚労省による調査だったが、今回からは日本戦没者遺骨収集推進協会による調査に代わった。団長は、日本青年遺骨収集団理事長の赤木衛さんであり、推進協会に移籍した石垣拓真さんも一緒である。一度目と大きく異なる点は、テニアン在住のフランクリン・モンドーさんの協力を得たことである。モンドーさんは、島の隅々まで知り尽くしており、日本人が時々出かけて遺骨情報を得るという非効率な方法とは異なり、次から次へと情報が入ってくるようになったのである。

九月一九日、成田からサイパンを経由して、同日の夕方にテニアン空港に到着した。団長の赤木さんが空港まで出迎えてくれており、そのまま、タガビーチ近郊へ案内してくれた。そこでは、私の到着を待つ調査団員全員が人骨のクリーニングをしてくれていたのである。その場所で、骨に関する質問をいくつか受けたあと、ホテルに向かった。

先に説明したように、テニアン島では米軍が北西部に上陸して、南下してきたため、日本軍兵士も民間人も皆、島の南部のカロリナス台地周辺で戦没している。そのため、モンドーさんによる遺骨情報一七カ所すべてが南部に位置していた。

今回は短期間であったため、私はホテルに缶詰めになって、遺骨鑑定を行った。鑑定を進めると、サイパン島と同様に、やはり民間人である女性や子供が多く出土しており、再び心を痛めた。出土人骨の量が多いため、実際に鑑定書が仕上がったのは、帰国する日の九月二四日の朝であった。

出土人骨の総数は、五七体。内訳は、成人男性三一体、成人女性一三体、未成年一三体である。やはり、女性と子供で全体の半分を占めている。これがサイパン島やテニアン島での遺骨鑑定の特徴である。

タガ遺跡訪問

到着した九月一九日、タガビーチ近郊で遺骨を受け取った後、ホテルへ行く途中、私はタガ遺跡へ案内してもらうよう頼んだ。

　タガ遺跡とはテニアンの有名な考古遺跡で、約三五〇〇年前の高さ六メートルにもなる石柱のラッテストーンがある場所である。このラッテストーンとは、家の柱だと考えられている。石柱の上には傘を逆にしたような状態のものがついており、ネズミガエシだと言われている。元々は六本が二列、合計一二本が立った状態であったが、地震などで倒れて現在では一本しか立っていない。このラッテストーンは、マリアナ諸島で最大のものであり、さらに大きな石切り場がロタ島にある。私も一九九二年に訪問したことがある。

　このタガ遺跡には、一九二七年九月に撮影された古写真が掲示されている。そこには、探検帽を被りサングラスをつけ髭をたくわえた人物が写っている。著名な人類学者・長谷部《はせべ》言《こと》人《んど》である。長谷部は、東京帝国大学医科大学解剖学教室で小金井良精《よしきよ》の指導を受けた人類学者である。京都帝国大学、新潟医学専門学校、東北帝国大学の解剖学教室で教鞭をとり、最後に東京帝国大学理学部に人類学科を創設した人物として知られている。

　長谷部は明石《あかし》人骨の研究で著名であるが、戦前、南洋諸島を精力的に調査していたことはあまり知られていない。一九二七年九月には、サイパン島およびテニアン島を調査しており、その成果は、翌年一九二八年に「サイパン、ティニアン両島の遺物及び遺跡」と題して『人類学雑誌』に発表されている。

長谷部たちは、発掘調査を行い、テニアン島でも人骨を発見しているが、その人骨の歯にはビンロウジュによる色素沈着が認められたという。私が一九九二年にロタ島でラッテストーンの間から発見した女性人骨にも、このビンロウジュによる色素沈着が認められた。

赤木さんにお願いして、長谷部と同じ場所で写真撮影をした。

悲劇の洞窟――三度目の調査

三度目の調査は、二〇一八年三月一三日から同二一日に派遣された。前回同様、日本戦没者遺骨収集推進協会による派遣で、団長は、日本青年遺骨収集団理事長の赤木衛さんであり、推進協会の石垣拓真さんも一緒である。前回と今回、日本遺族会から、福島在住の清水良祐さんが参加された。お父様は中国で戦死されたという。そのため、清水さんはお父様の顔を見たことがない。中国では遺骨収集ができないので、テニアンやフィリピン等で数十回も遺骨収集に参加されておられる。頭が下がる。今回は前回のホテルに籠るタイプと異なり、遺跡調査に同行して現場で遺骨鑑定を行い、同時に通訳を行うということになっていた。それは、アメリカのある会社から考古学者と人類学者を雇うことになったからである。

今回はさまざまな制限があり、我々が調査をできたのは七遺跡のみであった。前回の一七遺跡と比べると半分以下である。私は毎日、険しい遺跡を踏査し現場で人骨を鑑定した。だが、歳のせいか若い頃のようには思うように身体が動かない。しかも、数年前に遺跡調査で痛めた左膝関節が痛む。野外調査もそろそろ引退だなと思いながら、毎日調査を行っていたが、やはりこの島の調査では心を痛めることになる。

テニアン島23遺跡は、小さな洞窟であった。ここで出土した人骨を鑑定していて、私ははっとした。五体の人骨が鑑定されたが、成人男性一体、成人女性二体、未成年二体であった。こう書くと、衝撃は感じられないかもしれない。

だが、成人女性二体のうち一体は比較的若い女性で、もう一体は老齢女性であった。さらに未成年二体は、約一歳と胎児であった。つまり、この洞窟には、若い男女の夫婦とどちらかの年老いた母親がおり、孫であろう一歳の子供の四人が避難していたことになる。さらに、若い夫婦の妻は妊娠中であったということになるのである。

家族一同が同じ場所で発見されたとなると、手榴弾で自決したのではないかと推定された。まさに、悲劇の洞窟であった。

骨壺を持ち出した岩陰

テニアン島24A遺跡は、両側が高い壁にはさまれた岩陰である。ここで出土した人骨を鑑定すると、成人男性四体と成人女性二体の合計六体であった。ただ、通常の場合と異なるのは、この場所で亡くなったのが成人男性三体と成人女性一体の、合計四体であるということである。つまり、残りの成人男性一体と成人女性一体は、すでに亡くなっていたことになる。いったいどういうことなのか。

この遺跡を発掘すると、焼骨《しょうこつ》が出土した。サイパン島やテニアン島の洞窟を調査していると、時々、部分的に焼けた焼骨が出土することがある。これらは恐らく、米軍による火炎放射器による犠牲者であると推定される。ところがこの遺跡では、焼骨が二カ所からまとまって出土したのである。

火炎放射器による犠牲者の焼骨は、皮膚が薄い場所がよく焼けており、筋肉が多くついている大腿骨ではさすがに骨まではよく焼けていない場合が多い。ところが、この遺跡の焼骨はどの部位もよく焼けているのである。骨が集中して発見されたこととすべての骨がよく焼けていることから、テニアン島で亡くなり島の焼き場で火葬にした後、骨壺に収められていた焼骨を避難の際に一緒に持ち出し、最後に自分たちの避難場所に埋めたと私は推定した。焼骨は男性と女性であった。恐らく、避難家族の父親と母親だったのであろう。

では、これらの焼骨が避難場所で火葬にされたものである可能性はないのか。それはないと断定できる。避難した場所で火葬をした場合、煙が立ち上がり、それを目印とした米軍に発見されて攻撃されるからである。

洞窟での不思議な体験

テニアン島25遺跡は、非常に大きな洞窟であり、開口部は海側を向いていた。雨露をしのぐことができて避難するにはとてもよい場所だと思った。ここでは多くの人骨が発見され、個体数は八個体と推定された。成人男性二体、成人女性二体、未成年四体である。実際、この場所では大小様々な靴底が多く発見されており、人骨からの推定を裏付けた。

洞窟で他の団員二名と休憩していた時のことである。一人の団員は別の場所におり、もう一人は私と向かい合っていた。すると、私の右袖が引っ張られた感触を感じた。その位置や強さからは、子供のように感じたのである。

私は向かい合って座っていた団員に「袖を引っ張ったか」どうか尋ねてみたが、それはありえなかった。また、もう一人の団員はどこへ行ったのか、付近に姿も見えないのである。人骨を鑑定すると、約五歳くらいの子供がいた。私は、きっとこの子が、ここにいたことを知ってもらいたかったのだろうと思った。

さて、その時同行していたアメリカ人人類学者は、当初、滞在中に報告書を仕上げることができると言っていたが、調査四日目の夕方になるとできそうにないと言いだした。継続調査では、きちんと期日通り仕上げることが大原則である。私は赤木団長と相談し、調査五日目の最終日は現地に同行せず、ホテルに籠って報告書を仕上げることにした。鑑定書は、翌日のサイパンに戻る日の午前中にようやく完成した。前回と比べて調査した遺跡数が少なく、出土人骨数も少なかったことは幸いであった。

鑑定結果は、成人男性一六体、成人女性九体、未成年一〇体の合計三五体であった。やはり、テニアン島の典型的な出土状況で、女性と未成年が多い。

危うい飛行機

二〇一八年三月二〇日、テニアン島からサイパン島へ移動する日、ちょっとした事件が起きた。その日の午後一時三〇分、我々はいつもの小さな六人乗りのセスナ機ではなく、少し大きめの飛行機を使用してテニアン空港を離陸した。

出発前、赤木団長は「何だか整備に時間がかかっている。飛行機の機体にトラブルがあるのではないか?」と懸念を表明していた。その後、何事もなく離陸し、約一五分後には赤木さんの心配をよそにサイパン空港に着陸したのである。

ところが、着陸後、空港内を移動していた飛行機がオーバーランして、空港の芝生上で止まってしまった。何が起きたのかわからないが、私は、飛行中ではなく少なくとも着陸してのことなので平静だった。しばらくすると機長が、「着陸したら左ブレーキがきかなくなったので止まった」と説明し、その後、空港が閉鎖され緊急車両が多数駆けつけた。皆が飛行機から降りて緊急車両に乗り込み、空港ロビーに到着したのはしばらく経ってからだった。このようなトラブルは初めてである。

その後、赤木団長と話をしていて、合点がいった。今回、アメリカのチームが先にテニアン空港から出発した。その際、日本人戦没者のご遺骨もそのセスナに搭載されていたという。ご遺骨は、我々が搭乗する飛行機に搭載すべきだったのだろうと、反省した。

不思議な社章

明日が帰国という前夜、夕食をとった後で、我々は宿泊するサイパンのホテルのバーで軽く飲んでいた。話が興に乗ったところで、私が「今回、鑑定書を書いていて不思議なことがあった」と切り出した。「またですか。今回は、何でしょう」と赤木さんが乗ってきた。「実は、テニアン25遺跡から出土した社章を報告書に掲載しようとしたのだが、なぜか、カメラのメモリーに入っていなかった」と伝えた。

すると、「僕も撮影しましたから、今、お見せしますよ」と赤木さんがやおらカメラを操作し始めた。しかし、みるみる顔の表情がこわばっていくのが酔った私にもわかった。「いやー、最初はまた何を言い出すのかと思いましたが、僕のカメラのメモリーにも入っていません」と言い出した。

かつてのカメラでは、写真フィルムの装塡ミスが多かった。しかし、今のデジタルカメラで写らないということは、何か、知らせたくないというような事情があるのだろうか。その社章とは、京都にある新聞社のもので、歴史を調べると、社名は現在とは異なり戦前のものであることが確かめられた。一つの可能性としては、皆が見た社章がこの世のものではなく、そのため写真に写らなかったということだが、そこに確かにいたということを知ってもらいたかったのだろうか。

遺骨収集に関わっていると、不思議なことを多く経験する。そのたびにその意味を考察するのだが、この件だけは理由が不明である。

帰国してしばらく経ったある日、私はまた、赤木さんと酒を酌み交わしていた。私が以前から持っていた疑問を赤木さんに尋ねた。「テニアン島やサイパン島で民間人、特に子供の骨を鑑定すると、どうも帰りの飛行機で座っている座席の周りに子供ばかり乗っていると思うのですが。気のせいでしょうか」。赤木さんは即座に答えた。「僕もそう思っていました。それ以外でも、遺骨収集に行き帰る時に、どうぞ、英霊の皆様、私の身体でよければ祖国へ一緒に帰りましょうと言います。また、成田空港に着くと、北海道や東北地方はこちらの方角です。中部地方や関西地方はこちらの方角ですよ、と言いますよ、と。幸福の女神は、このような誠実で真摯な人にほほ笑むのだろうと感じた。

4　天皇の島――ペリリュー島

『天皇の島』

一九四四（昭和一九）年七月七日にサイパンが玉砕し、翌月の八月二日にテニアン島が玉砕した。この二つの島では、取り残された民間人が多く死亡している。ところが、その後で玉砕したペリリュー島では、現地人も日本の民間人も一人として犠牲にはなっていない。

それには、逸話が伝わっている。当時のペリリュー島の島民は、米軍の上陸が迫っていることを悟り、一緒に戦いたいと申し出たという。ところが日本軍は、「お前たち土人は足手まといだ！」と言い放った。がっかりして、パラオ本島に大発（大発動艇）で避難した。大発が沖合に出ると、ペリリュー島じゅうの日本兵が海岸に出てきて見送ったという。そのとき島民たちは、日本軍は自分たちを巻き込みたくないためだったのかと悟ったという。

なお、正確にはパラオの芸者久松が、ある将校を慕ってペリリュー島に来て、胸にさらしを巻いて日本陸軍の制服を身にまとい、機関銃を米軍に射撃して戦死したとも言われている。米軍兵の間では、ペリリュー島のジャンヌ・ダルクと呼ばれていたという。

一九四四年四月二四日、満州から第一四師団がパラオに着任した。水戸歩兵第二連隊はペリリュー島に、宇都宮第五九連隊はペリリュー島の南約一一キロにあるアンガウル島に派遣されている。ペリリュー島では、中川州男《くにお》大佐の麾下、陸軍六一九二名と海軍三六四六名の合計九八三八名が防衛にあたった。日本軍は、この島に洞窟陣地を築き、その数は約五〇〇にも達したという。

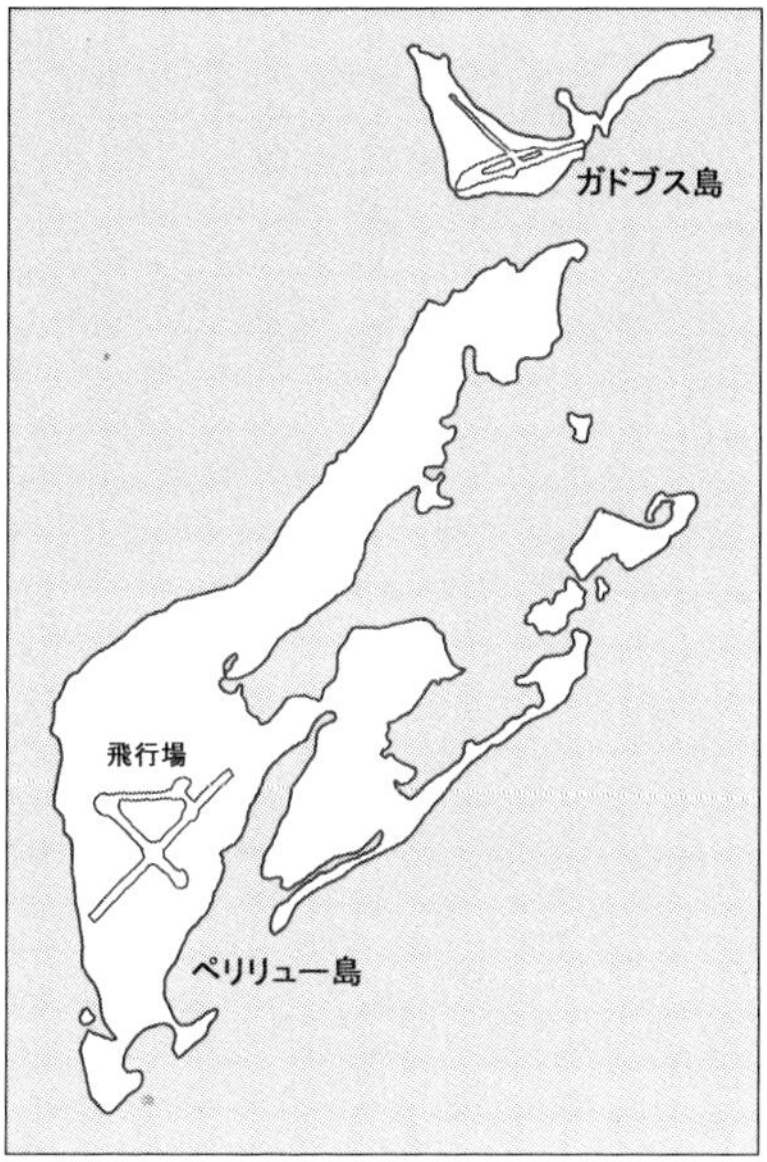

図4-5　ペリリュー島

米軍は、一九四四年九月一五日にペリリュー島への上陸攻撃を開始した。その二日後の九月一七日にはアンガウル島に攻撃を開始し、約一カ月後の一〇月一九日に、日本軍は玉砕している。米軍は、西側の西浜から上陸し、一六日に飛行場を、一八日には南部一帯を確保した。二二日から二三日には、パラオ本島から高崎歩兵第一五連隊の第二大隊が逆上陸をしたが、途中で米軍の攻撃を受けてほとんどが上陸もかなわなかった。

一一月二四日、パラオ本島の司令部に「サクラ、サクラ」と暗号を伝送し、中川大佐と師団派遣参謀の村井少将は自決し、二カ月以上にわたる組織的抵抗は終わりをとげた。この間、昭和天皇陛下によるお褒めのお言葉である御嘉賞《ごかしょう》を一一回も受けている。作家の児島襄《のぼる》は、一九六七年にこのペリリュー島戦をテーマとして『天皇の島』を出版している。

なお、前澤哲也さんによると、ペリリュー島の日本軍戦没者は一平方キロ当たり七七一人で、これは硫黄島の八七四人に次ぐ多さであるという。

私が、かつて戦跡に興味を持って、この島を一九九二年に最初に訪れたことは冒頭で述べた。私はこのペリリュー島に、二〇一三年二月、同年六月、二〇一四年一二月の三回派遣されている。

一度目の派遣

一度目の派遣は、二〇一三年二月二〇日から同二八日であった。メンバーは、厚労省から団長の有馬純典さんと補助員の石垣拓真さん、水戸二連隊ペリリュー島慰霊会から影山幸雄《さちお》さんと白方勝彦さんである。後に、白方さんの祖父がクェゼリン島で軍属として戦死されていることを知った。

この調査は、当初、イワマツ壕とその他の洞窟を二班に分かれて調査することになっており、ある人類学者と私の、二名の人類学者が行く予定となっていた。ところが、直前になって、参加予定の人類学者の都合が悪くなり厚生労働省の有馬純典さんから交代要員についての相談があった。私も、何人かの心当たりがあったので数名に声を掛けてみたが、皆、都合が悪いようである。大学に勤務している研究者は、二月は入学試験のシーズンであるというのが理由だった。

そこで、長野県看護大学（当時。現名誉教授）の多賀谷昭さんに打診した。多賀谷さんは京都大学理学部と同大学院で、古人骨の権威である池田次郎先生の指導を受けており、太平洋地域の骨や生体計測を分析している大ベテランである。私よりも、一〇歳ほど年長であった。しばらくして、その期間中に入学試験の試験監督が入っていたが、事情を説明して代わってもらったので大丈夫だという返事を得た。これで、人類学者二人は決まった。

一日目の二〇一三年二月二〇日、成田空港に集合し、我々六人を乗せた飛行機は午後七時に離陸した。昔は、パラオへの直行便は名古屋や大阪からの便があったものの、東京からはなく、グアムで一泊してグアム経由でパラオに行くのが普通であった。しかし、成田空港からの直行便で行けたのは便利だった（二〇一八年五月から直行便は廃止された）。ただ、午後六時に搭乗して午後七時に出発する直行便は、夜中の午後一一時頃にパラオへ到着し、ホテルへチェックインできるのは真夜中過ぎである。ホテルに着くと、もうへとへとで、バタンキューで眠りにつく。

二日目の二月二一日、朝食をすませて八時二五分にホテルのロビーに集合すると、パラオの日本大使館へ行った。ここで、挨拶と調査予定等を伝える。ここでは、シラス副官房長官とも会談を行った。この時、二〇一二年の一二月に二〇年に一度の台風がペリリュー島を襲い、多くのヤシの木が流されたという情報を得た。また、その台風で西太平洋戦没者の碑もかなりの被害を受けたということも聞かされた。

その後、芸術文化局を訪問し、調査内容を伝える。ここで前回同様に、サニー・ンギルマン担当官が同行するという話を聞かされた。サニーは、女性の考古学者で、アメリカ人の父親とパラオ人の母親との間に生まれ、ハワイ大学人類学部で教育を受けている。

午後にTドックから高速ボートでペリリュー島へ移動した。Tドックは旧日本軍の荷揚げ埠頭であり、そこには今回お世話になる旅行社があった。その移動の前に有名なカープ・レストランで昼食をとった。私もこのレストランを訪問するのは二〇年ぶりである。広島生まれで、野球チームのカープファンであることから、レストランの名前にまでチーム名をつけた名物の女将さんはお元気で、多賀谷昭さんも広島県出身ということを聞いた女将は我々二人にカープのポスターを特別にくれた。

ペリリュー島へ

高速ボートは、午後一時四五分にTドックを出発した。久しぶりに行くペリリュー島への道中は本当にきれいで、こんな場所で戦争があったとはとても思えない。午後二時三〇分にペリリュー島に到着。約四五分の道のりである。かつては、一時間以上かかったが、エンジンを二基積んでいる高速ボートはさすがに速い。

午後三時には、ホテルにチェックインする。通常は、全員が有名なマユミインに宿泊するのだが、今回、多賀谷さんと私の二人は、マユミインの系列のペリリューアイランドインに宿泊することになった。どうも、我々は徹夜でレポートを仕上げなければならないためだという話を聞く。また、ダイバーたちのシーズンで、マユミインも一杯だからと後で聞かされた。まだどれだけ出土するかわからないのにと思ったが、ありがたいご配慮である。ただ、その後二回は、皆と同じマユミインに宿泊した。

午後三時三〇分に、ペリリュー州の伝統知事に挨拶をする。私も、かつてお会いしたことがある。午後四時には、ＣＧＤ（クリアドグラウンドデマイニング）というイギリスの会社を訪問した。この会社は、元イギリス陸軍で地雷や爆弾処理をしていたスティーブ・バリンジャーさんが設立した会社で、世界中で地雷や爆弾処理を行っている。このペリリュー島では、戦後七〇年近く経った今でも多くの地雷や爆弾が未処理のまま残されている。そこで、発掘調査をする前に、事前にこの会社が処理を行うというシステムのようだ。

その後、我々は洞窟22の見学を行った。午後七時、本隊が泊まっているマユミインで夕食をとるため、多賀谷さんと歩いて移動したが、行ってみて驚いた。かつてマユミインの真中にあった食堂は、屋根も吹き飛ばされ、中はめちゃくちゃである。台風がいかに強かったかがわかった。

トレンチでの調査と呼吸困難

三日目の二〇一三年二月二日、朝食をマユミインでとると、いよいよ現地調査である。この日は、第七番トレンチの調査である。ちなみに、トレンチというのは、本来は塹壕という意味であり、有名なトレンチコートは、第一次世界大戦中にドイツ軍と塹壕で対峙したイギリスで兵士用に開発されたコートであるというのは有名な話である。そのため、クラシックデザインのものには、ベルトに手榴弾をつるす金具がついている。本当は遺跡を意味するサイトとした方が良いのだが仕方がない。

この洞窟は、西側と東側に開口部があるが、中はU字型の通路でつながっている。洞窟の内部と外部には、事前に前出のＣＧＤによって番号がつけられており、その位置が平面図にプロットされている。ここでは、一番から三八番まであったが、残念ながら、外にあったはずの三番と六番は雨で流されたのか、あるいは動物が持っていったのか発見することができず、欠番となった。

周りを掘ってみたいが、ペリリュー州の法律で、地表から一五センチまでしか掘ってはならないという。この一五センチの根拠はよくわからないが、地雷や爆弾が埋まっている可能性があるためという説明を後で受けた。しかし、これをやっているといつまでも収骨は終わらない。地表面に出ている人骨をその都度プロットするのではなく、洞窟底部まで掘り、すべて収骨するべきである。この私の意見には、多賀谷さんも同意してくれた。洞窟外部で四袋、洞窟内部で三〇袋を収骨する。ホテルへ戻ると、皆さんに手伝ってもらって出土人骨の洗骨作業である。

四日目の二月二三日、いつものように朝食をマユミインでとる。ところが、突然、スコールが降りだしたため、しばらく待機する。九時三〇分になって、雨が小康状態になったためようやくマユミインを出発した。本日の予定は、一〇番トレンチと七番トレンチを調査する予定になっている。

五日目の二月二四日、今日は、トレンチ三〇、三一、三二、三三、三四と五カ所の調査予定である。トレンチ三〇は、行き止まりの崖の上にある小さな祠のような場所で、とても、ここで身を潜めたり住むことはできない。しかし、四メートルぐらい上の崖にはドラム缶に石を積めて土嚢《どのう》の代わりにしている。しかも、ここは行き止まりなので、狙撃手がこの場所に陣取って攻撃するには最適の場所のように思えた。この場所で、影山さんが人骨を発見し、祠のような穴に遺骨を安置したのだという。ほぼ、全身が揃っているように見える。当時のスナイパーなのだろうか？　この人骨の報告は、次回に行うことになった。

六日目の二月二五日と七日目の二月二六日、私は、鑑定書を書くためにホテルの部屋に籠った。鑑定書は、結局、ペリリュー島から本島のコロール島に移動する二七日の早朝にかけて、徹夜をして仕上げた。結局、数百点の人骨を報告したが、個体性があると認められる人骨は出土せず、いずれも残骨という扱いになった。

今回はトレンチ五、七、九、一〇の四カ所を調査したうち、トレンチ九は危険な場所であった。まず、洞窟に入る前にマスクをするよう促されたが、マスクをすると呼吸がうまくできないため、結局、洞窟内部でとってしまった。これが誤りの始まりだった。洞窟内は異様な雰囲気で、防毒マスクが多数放置されていた。一時間ほど洞窟内で作業を行っていただろうか。洞窟から外に出ると、自分自身が呼吸困難に陥っていることに気づいた。多賀谷さんに尋ねてみると、やはり呼吸困難だという。原因はよくわからないが、何か、毒ガスなのか

写真4-12　日本軍トーチカの野砲

あるいは害のある火薬の設置場所だったのであろう。

二度目の調査——行き止まりの狙撃兵

二度目の調査は、二〇一三年六月一八日から同二六日まで派遣された。今回は、厚労省から団長の橋本弘文さん、山本裕二さん、中山亜理沙さんと私。そして、いつもの水戸二連隊ペリリュー島慰霊会から影山幸雄さんと白方勝彦さん。また、日本地雷処理を支援する会から二人というメンバーである。

今回は、トレンチ二〇、二二、三〇、三一、三五の五カ所を調査した。いずれも、洞窟の開口部は非常に小さく狭い。トレンチ二〇の内部には、多くの米軍遺物が発見された。とはいえ、決して米兵が隠れていたわけではない。これは、ペリリュー島が玉砕した後で、日本軍兵士が隠れていた洞窟であると推定される。ペリリュー島の本では、米軍の食料庫に忍び込んで缶詰めを多く盗んだとある。それを示すように、洞窟内には多くの缶詰めが発見された。記録では、洞窟に隠れた兵士たちは終戦後一年半以上経った一九四七年四月まで、三四名がいたという。

トレンチ二二は元々二カ所の開口部があったが、そのうち一カ所は崩落していた。ここからは、最小個体数で七体分の遺骨が発見された。トレンチ三一からは、わずかな骨片が発見されている。

トレンチ三〇は、行き止まりの場所で三メートルぐらいの崖の上であった。ここには、石を積めたドラム缶が置かれており、土嚢代わりの弾除けであったと推定される。ほぼ全身骨格が発見された。確定はできないが、頭蓋骨には複数の傷が認められた。弾痕ではないようなので、手榴弾による傷ではないかと推定される。恐らく、この場所で米軍を迎え撃ったスナイパー（狙撃兵）だったのではないだろうか。十代後半から二〇歳代と推定された男性の身長は、一五九センチから一六五センチと推定された。当時の日本兵としては高身長である。しかし、ペリリュー島に関する資料では、一七二センチという高身長の兵士がいたことが記録されている。

海岸の遺骨

トレンチ三五は、海岸部で発見された。二〇一二年一二月、ペリリュー島は大きな台風に襲われた。島民たちは、かつての日本軍司令部として使われた大きな洞窟に避難したという。我々が二〇一三年二月に訪れた際は、大きなヤシの木が何十本と倒れて海に流されていた。このトレンチ三五も、ヤシの木が倒れたためにその下から出てきたのである。遺物は、旧日本軍の弾薬や軍靴《ぐんか》が出土していた。人骨は、ヤシの根にからまっていた状態である。その位置から、高崎歩兵第一五連隊が守備していた場所だと推定される。

発見された日は二〇一三年二月二六日であり、調査最終日であった。もう収骨をする時間はなかったのである。そこで、海に流されないよう、大きな石で囲んで次回に備えた。ところが、今回その場所を再訪問すると、石がすべて取り除かれているではないか。いったい、何が起こったのか全く事態が呑み込めないでいた。影山さんは、悲しそうな顔をしている。

私は、パラオ歴史保存局の担当官、サニー・ンギルマンに英語で、収骨をお願いした。パラオでは、担当官が「うん」と言わなければ収骨できないシステムである。ところが、彼女から返ってきた言葉は「ノー」だった。「このままでは、海に流されてしまう」と再度、許可をお願いした。しかし、またしても返ってきた言葉は「ノー」だった。

写真4-13　海岸の骨。左が多賀谷先生。

私は、早口の英語で「もし、これが日本人ではなくパラオ人の骨だったらどう思う?」とまくしたてると、しぶしぶ「今回だけ」と収骨許可が出た。我々日本隊は、全員で急いで収骨した。上顎切歯は、裏側が凹んでいるシャベル型切歯であった。間違いなく日本人である。こうして収骨が終わると、海の水が先ほどまでの場所にきていたのを覚えている。

後日談だが、調査の最終日には、毎回、フェアウェルパーティーを行っている。パラオ側ももちろん招待している。その場所で、私はサニーに「先日は言い過ぎた。申し訳ない」と詫びた。サニーは、「私は、イエスマンは嫌いよ」と返答があり、ハグをしたことを覚えている。熱意は国境を越えて理解されることを感じた。

三度目の調査——ブービートラップの発見

三度目の調査は、二〇一四年一二月二日から同一〇日にかけて派遣された。メンバーは、厚労省から団長の土本敏信さんと補助員の石垣拓真さん。そして、いつもの水戸二連隊ペリリュー島慰霊会から影山幸雄さんと白方勝彦さん。さらに、日本青年遺骨収集団から、平野醇さんと赤木智歩さんである。

今回は、トレンチ三七、三八、三九、四〇、四四の五カ所の調査を行った。トレンチ三七は開口部は人一人が入れるぐらい小さいが、中はなかなか広い洞窟である。ここからは、二〇歳代男性一体が鑑定された。この人骨は、特徴的であった。身長は低そうだったが、全身の骨が頑丈なのである。骨には、筋肉がついているが、その骨を見れば、頑丈な筋肉がついていたのか華奢な筋肉がついていたのかがわかる。この方は、筋肉隆々であり、重量上げの選手をイメージするとおわかりだろうか。

トレンチ三八では、野外からほぼ全身骨格が発見された。約二〇歳代男性である。骨はどちらかと言えば、華奢であるが、身長は一五六センチから一五九センチと推定された。頭蓋骨も出土していたが、七〇年近く経ってもまだ野外で発見されたことに衝撃を受けた。トレ

写真4-14　スナイパーの骨

ンチ三九も野外であるが、木の根にからまった状態で発見された。ほぼ全身骨格が発見され、約二〇歳代男性と推定された。身長は、一五八センチと当時の平均である。

トレンチ四〇は、尾根の突端にあった。これも、スナイパーに絶好の場所である。ペリリュー島のスナイパーは、記録フィルムに収められている。もちろん、日本軍のスナイパー自身は撮影されていない。スナイパーは、木や物陰に隠れて狙撃を行うためである。ある米軍兵士がスナイパーに足を狙撃され、それを助けようと二人の兵士が駆け寄る。肩をかしながら、三人が後退しているとさらに、そのうちの一人の足を狙撃している。日本軍スナイパーは、一撃で命を奪うことができるが、あえてそうせずに、負傷者の数を増やし、その負傷者を助けるために戦闘から離脱する兵士の数を増やしているのである。

この兵士は、約二〇歳代男性と推定された。この兵士の遺骨のそばには、日本軍の手榴弾が二つ並んで立った状態で発見された。現在では腐食しているが、恐らく、その兵士の遺体を助け起こすと手榴弾が炸裂する仕掛けだったのであろう。まさしく、ブービートラップであったと推定した。

トレンチ四四は、海岸部で発見された。ヤシの木が倒れており、その根っこに多くの人骨ががからまった状態であった。ここからは、最小個体数で四個体が鑑定されている。台風は、ペリリュー島に甚大な被害をもたらしたが、遺骨収集の立場から見ると、恵みの台風であったと言える。

その他、トレンチ七、一一、一二、一三、一五、一六、一八、三二、三三、三四、三六の一一カ所から、合計一三体を収骨している。

人類学者の意地

この三回目の派遣の時、ハワイの米国戦争捕虜および戦争行方不明者遺骨収集司令部から米人人類学者がオブザーバーとして参加していた。彼のスタンスは、洞窟内の人骨は旧日本

写真4-15　70年経っても、まだ野外で人骨が発見される

兵として考えてよいが、洞窟の外で発見された人骨は米兵の可能性があるというものだった。
　ある日、話をしていると、彼は私が卒業したオレゴン大学の友人の弟子であることがわかった。偶然とは言え、驚いた。その彼が「本当に、滞在中に鑑定書を仕上げているのか？」と尋ねてきた。「今回は一緒に滞在して見ていたではないか」と私が返答すると、「そうだった」と返ってきた。私も少し頭にきたので、「あなたは私のように滞在中に鑑定書を仕上げることができますか？」と尋ねると、「私にはできない」と返答してきた。
　ハワイの機関には、人類学者や歯科医師・戦史の専門家等が多数いて、いったん人骨を預かると約半年から一年かけて鑑定書を作成している。先の大戦の米軍と日本軍の差のように、数から言えば比べようもないが、私にも、彼らには決して負けまいと日本の人類学者としての意地がある。

パラオのペリリュー島には、調査で一回、プライベートで一回、厚労省の事業で三回、訪問したことがある。行くたびに、きれいな場所だと感じる。七〇年ほど前に戦場になったとは考えられない。一九九二年に幻の合同調査で訪問した翌年の一九九三年、私は群馬県庁職員となって、新設の群馬県立自然史博物館の人類学担当学芸員として着任した。博物館の開設準備には三年半かかったが、当時世界一と言われていたニューヨークのアメリカ自然史博物館人類研究部の協力も得て、世界有数の人類学常設展示を完成させることができた。

本書刊行の二〇一八年まで二五年間、私は高崎市に居住している。人生でも最も長い場所となった。よく考えると、ペリリュー島の戦没者に高崎歩兵第一五連隊が含まれていることに気づいた。きっと、高崎一五連隊の英霊に呼ばれたのだろうと考えている。

戦後七〇年の二〇一五年四月九日、天皇、皇后両陛下は、ペリリュー島を訪問された。『天皇の島』と呼ばれたペリリュー島は陛下の訪問を受けて、まさしく「天皇の島」となった。

第5章

飢餓に苦しんだ島々

第4章でご紹介した「玉砕の島々」の兵士たちの物語は、アメリカ軍と戦って、ある意味で華々しく散っていったというものであった。ところが、本章で紹介する飢餓に苦しんだ島々は、アメリカ軍が飛び石攻撃を行い、実際に上陸攻撃をしなかった場所である。攻撃はなかったものの、制海権と制空権を奪われた兵士たちは、補給もない中、飢餓に苦しんで多くが餓死している。この島々の兵士たちは、アメリカ軍と戦ったというより、食料と戦ったと言えるであろう。その点、戦死するよりも苦しい戦いを強いられたと言えるかもしれない。以下、処刑も行われた島（マーシャル諸島ミリ島）、日本のパールハーバー（トラック諸島）、水葬の島（メレヨン環礁）と題して、話を進めていきたい。

1　処刑も行われた島——マーシャル諸島ミリ島

調査の初体験地

ミリ島は、マーシャル諸島に所在する（現在はミレ島と呼ばれるが、日本統治時代はミリ島と呼ばれた）。マーシャル諸島と聞いてピンとくる方はかなりの通である。それでも、ビキニ環礁と聞けば思い出される方もいるかもしれない。ビキニ環礁では、一九四六年から一九五八年にかけて二三回の核実験が行われていたことは有名である。余談であるが、このミリ島には、女性として初めて大西洋単独横断飛行を達成したアメリカ人女性パイロットのアメリア・イアハートが一九三七年に不時着したという伝説があった。しかし、二〇一八年にテネシー大学の人類学者が、キリバスのニクマロロ島で一九四〇年に発見された骨を再鑑定してこの骨こそがイアハートのものだと結論づけている。

ミリ島へは、片道三日間という長い行程となる。私は、二〇一一年九月一七日〜同三〇日に派遣された。私にとって、初めて派遣された場所なので、非常に思い出深い。何といっても、このミリ島は、電気・ガス・水道すべてのライフラインがない場所であり、初めて行くにはハードルが高い場所であった。もっとも、私自身は、若い頃アフリカの

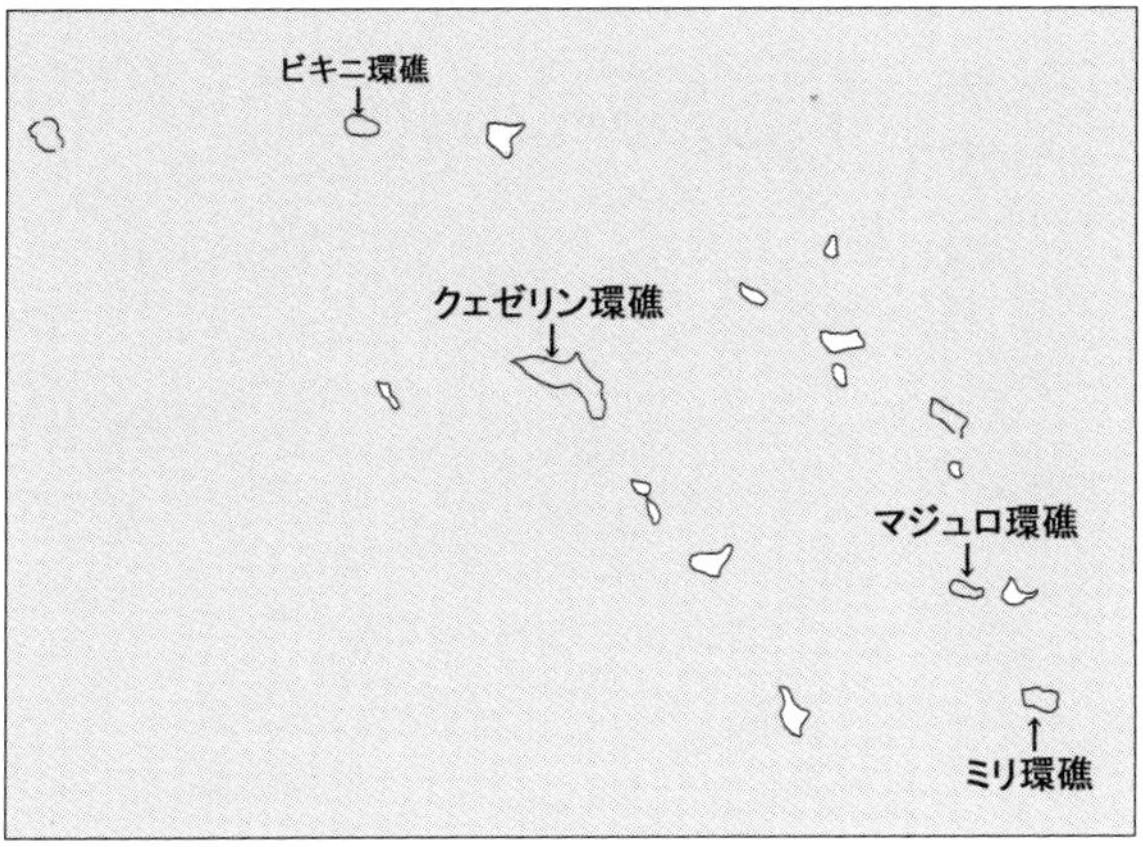

図5-1　マーシャル諸島

ケニアでライフラインがすべてない場所での発掘経験があるので、そう苦にはならなかった。

　さて、行程だが、一日目は成田からグアムへ移動して宿泊。二日目は、グアムからマーシャル諸島のマジュロまで移動して宿泊。このグアムからマジュロまでの飛行機は、アイランドホッパーと呼ばれ、私自身は飛行機の各駅停車と呼んでいる飛行機である。グアムからチューク・ポーンペイ（ポナペ）・コスラエ・クェゼリン・マジュロとグアムから四つの空港を経由してようやくマジュロにたどり着く。我々はマジュロで降りたが、他の乗客はさらにマジュロからハワイまで行くことになる。この路線は、グアムからの直行便に比べると安いために人気があると後に聞いた。このマジュロからミリ島までは、パワーボートで約六時間かかる。

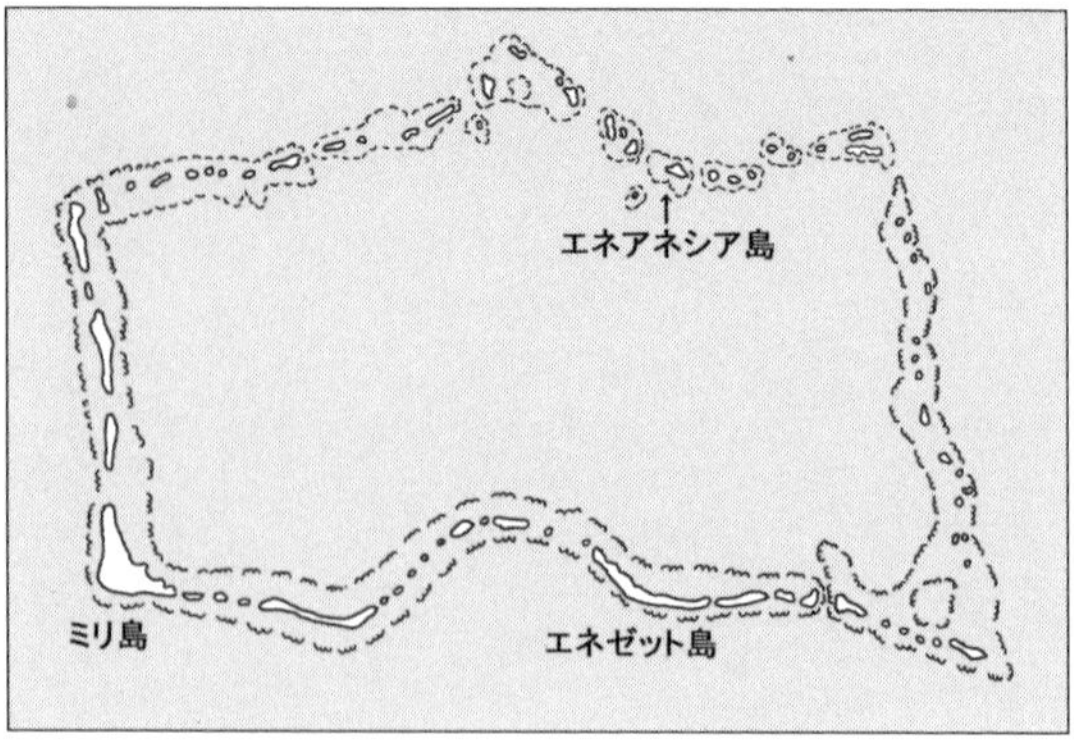

図5-2　ミリ環礁

生存率一三パーセントの飢餓島

今回のチームは、厚労省から団長の橋口真治さんと補助員の石垣拓真さん、そしてご遺族の坂本俊文さんと私の四人である。なお、現地でマジュロ在住の増田郁夫さんに通訳として加わっていただいた。石垣さんとはこれが最初の出会いであった。

現在、遺骨収集推進協会に所属している石垣さんは、私が派遣された一七回のうち、十回は同行しており最も信頼している仲間である。

坂本さんのお父様の坂本幹夫大尉は、岩手の盛岡陸軍予備士官学校を卒業後、このミリ島に中隊長として赴任したが、アメリカ軍航空機による爆弾が避難していた壕を直撃して戦死されたという。当時、きちんと埋葬されたが、その後の連日の爆撃で墓もろとも破壊されたのではと坂本さんは寂しそうに語っておられた。坂本大尉の中隊には一四八名が所属していたが、一二五名がミリ島で戦死。そのほとんどは、餓死であったという。

終戦時に二三名が生き残っていたが、復員中の船中で四名が死亡。結局、一九名のみが故国に戻れたという。じつに、生存率はわずかに約一三パーセントである。言い換えれば、死亡率が約八七パーセントにもなる。ミリ島の悲惨さが伝わる数字である。

なぜこのようなことになったのか、戦史を見てみよう。

一九四三年一一月、アメリカ軍がいずれ、ギルバート諸島のタラワ島（現・キリバス共和国）やマキン島を攻撃するだろうと予測した日本軍は、増援部隊を同島に向けて出発させた。

だが、船団が移動中の一九四三年一一月二一日～同二三日の戦いでタラワが玉砕をしてしまう。そこで、移動中の部隊は急遽、次の攻撃目標となるであろうミリ島へ上陸した。

ところが、米軍は、飛び石攻撃でミリ島を迂回して上陸攻撃を行わなかった。しかし、制海権と制空権を失ったミリ島では補給が絶え、兵士たちは飢餓に陥った。

兵士、約六〇〇〇人のうち、約半数の三〇〇〇人が戦死している。戦後、復員船として氷川丸が送られ、一九四五年九月二八日にミリ島に入港し、同二九日に出港して、同年一〇月六日に浦賀に帰国している。氷川丸には焼却炉がもうけられ、実際に、帰国途中で亡くなった兵士もいたという。

トラブル続きの調査

現地での調査は、二〇一一年九月二二日～二六日の五日間にわたって行われた。ところが、この調査がトラブル続きだった。

一日目の九月二二日、我々はエネアネシア島を調査する準備を進めていた。この島は前回の二〇〇九年に調査が行われており、さらに人骨が出土するだろうという情報を得ていたからである。

戦争中の記録では、飢餓に陥った兵士たちが、魚のアジを食べてシガテラ毒により多くが絶命したということが知られていた。シガテラ毒とは、熱帯のプランクトンに含まれる毒が食物連鎖によって上位に位置する大きな魚に濃縮されて、その魚を食べることにより発症する。命を落とすことは少ないとも言われているが、飢餓に陥り多量に摂取し、しかも、抵抗力のない兵士たちには命を落とすほどだったのであろう。一説には、数百名が命を落としたとも言われている。

ところが、エネアアネシア島への出発直前にある島民がやってきて、「あの島の半分は自分の土地だから、もし遺骨を持って帰ったら一体につき五〇〇〇ドルをよこせ」と要求してきた。日本政府は、そのような金銭要求には答えられないとつっぱねた。そこで急遽、予定を変更し、エネアアネシア島の近くにあるヤットコトン島へ移動した。ここにも遺骨はありそうだったが、結局さまざまな理由で断念した。ここで一日目は終了。

二日目の九月二三日、相談の結果、エネゼット島に目標を定めた。エネゼット島へは、約一時間三〇分かけて移動。午前中、ここから遺骨が見つかったというカボチャ畑を掘るが、全く発見されない。見ると、確かにサンゴ製の四角い台があるが、これは墓の構造ではなく、実際に戦争中に石碑を移動させた台座の残りであることが判明した。

午後は、同島の東へ移動し発掘を開始した。すると、南北に伸展葬《しんてんそう》で埋葬したと推定される墓が五基発見され、人骨も一部が出土した。しかし、スコールにより発掘を中止せざるをえなくなり、翌日に持ち越された。

三日目の九月二四日、エネゼット島の同じ場所を発掘。すると昨日、五基と考えていたものにさらに一基追加され、六基の墓が発見された。全員、頭を北に向け、足を南に向けた伸展葬である。現地の人々は逆で、頭は南で足は北だという。さらに発掘を続けると、旧日本軍のボタンも出土した。この六体全員の性別は男性で、身長は一五八センチから一六四センチと当時の日本人の範囲内である。

処刑された兵士の遺骨？

しかし、この六体のうち、エネゼット島一号土坑の被葬者は他の五体とは異なっていた。他の五体は仰臥《ぎょうが》伸展葬と呼ぶ顔面部を上に向けた状態であるのに対し、この一体だけは、俯《ふ》臥《が》伸展葬と呼ぶ顔面部を下に向けた状態であったのである。日本国内の縄文時代から江戸時代までの遺跡で、この俯臥伸展葬という状態はあまりお目にかかったことがないぐらい少ない埋葬状態である。あたかも、穴の前に立たせておいて、後ろから拳銃や小銃で銃撃したようにも見える。

ミリ島の戦史を読んでみると、飢餓状態に陥った状況下、海軍が保有している食料庫を襲ったり、あるいは許可なくヤシの実を盗んだものは、絞首刑になったり銃殺刑になったとある。さらに、過去のミリ島の遺骨収集の本を見てみると、いくつかは、後ろ手に手を縛られた状態の遺骨もあるではないか。私は、この一体もきっと処刑された方だろうと推定したが、残念ながら、頭蓋骨の保存状態がよくなかったために銃撃の痕跡を確かめることはできなかった。

写真5-1　マジュロからミリへの移動に使用したボート

六体目のご遺骨の上には大きなヤシの大木があり、ちょうど、頭蓋骨の部分に根っこが張ってなかなか骨を掘り出すのが困難だった。状況からは、亡くなった墓の目印としてヤシを植えたのではないかと推定されたが、埋葬した者もまさか、こんな大木になるまで発見されないとは思わなかっただろう。

四日目の九月二五日、本来ならばエネゼット島へ行き、さらに周辺を調べたかったが、ボートの船長が十分燃料を積んだと思っていたが、このままだと、マジュロに帰る燃料しかないと言い出したため、急遽、我々がいるミリ島内の探索に切り替えた。ところが、島内のさまざまな場所で試掘をするが、人骨がなかな

写真5-2　6体が発見された集団埋葬墓。頭位は北で進展葬。手前だけ、うつぶせの状態で異常さが目立った。

か出土しない。ようやく、一体を発見した。ここには、日本軍のボタンとともに、財布のガマグチと当時の硬貨が出土した。硬貨の一つには昭和一八年と刻印されており、年代もぴったりとマッチした。この被葬者は、約十代後半の男性と推定された。しかし、この人骨は後にトラブルとなる。

無念の焼骨断念

五日目の九月二六日、調査の最終日である。私はこの日の午前中、骨の鑑定書を書いていた。なぜなら、明日、二七日は焼骨式であるため、骨は焼く前に鑑定をすませなければならないからである。午前中に骨を発見したというので、午後から本隊に同行してみると、脛骨二本が埋葬された状態で出土していた。どうやら、きちんと埋葬されていたが、爆撃の爆風やらで上に被せた土がなくなってしまったらしい。成人男性と推定された。結局、今回の調査では、エネゼット島から六体、ミリ島から二体の八体が出土したことになるはずだった。

九月二七日、この日は午前一〇時から焼骨式である。私は、早起きして急いで鑑定書を作成していた。ところが、今回作業員として雇っていた島民がやってきて、九月二五日に硬貨とともに発見した人骨の土地は自分のものだから五〇〇〇ドルを支払えと言ってきた。残念ながら日本政府はそういうお金は支払えないということで、焼骨式前の忙しい時に、橋口団長は同じ場所に再埋葬をしてきた。

焼骨式で、団長の橋口さんが追悼の辞を述べた。「皆様方は、先の大戦において、物資の補給もなく、飢餓や悪疫など言語を絶する困難に耐えて、祖国のために闘い、ついに祖国の土を踏むことなく、帰らぬ人となられたのであります。今、静かに瞼を閉じ、この地において亡くなられた皆様方に思いをいたしますと、痛恨の念が切々と胸に迫ってまいります。……しかしながら、いまだ祖国へお迎えすることができず、この地に眠られている方々が、今なお数多くおられます。私どもは今後とも、一日も早く祖国にお迎えすることができるよう、引き続き努力してまいります。終わりに、今なお、この地に眠られる皆様方のご冥福を

写真5-3　焼骨式

お祈り申し上げますとともに、祖国日本の安泰とご家族の行く末をお守りくださいますことをお願いいいたしまして、追悼の言葉といたします」。

結局、今回発見された八体のうち、七体を焼骨し、持ち帰ることになった。七〇年以上前に亡くなり、ずっと待ち続けて、発掘で発見され、後は焼骨だけすませれば帰国できたというのに、残念であり、無念であった。

焼骨式の後、私が報告書を書いていると、外で「ブヒー」という鳴き声が聞こえた。後で聞いてみると、フェアウェルパーティーのために飼っていたブタを屠殺したらしい。ちょうどその場所に橋口団長が居合わせており、その後のパーティーで食卓にのぼったブタは食べられないと言っていた。当然であろうと思った。

報告書作成の困難

本文には、私が報告書を作成していると書いていて疑問を持たれた方もいらっしゃるかもしれない。電気・ガス・水道がない場所で、どうやってパソコンをと思われただろう。実は、パソコンは発電機を動かしてもらって充電しながら仕上げたのだった。

マーシャル諸島の歴史保存局の規定は非常に厳しく、調査団は到着すると現金一〇〇〇ドルを歴史保存局に預けなければならない。もし、報告書が帰国までに完成しない場合、現金一〇〇〇ドルは没収となる仕組みである。つまり、この点はすべて私の責任となることになる。正直な話、昼間に調査を行い、夕方から骨を洗ったり鑑定したりしながら、期日内に報告書を仕上げるということは至難の業であり、何度も一〇〇〇ドルを自腹で払いたいと思った。だが、調査団の皆様のご協力のおかげで何とか期日内に仕上げ、一〇〇〇ドルは無事回収された。

調査も終了し、九月二八日にミリ島からマジュロを目指してパワーボートが出発した。ところが、報告書疲れか、私はボートの甲板で眠りこけて約六時間日差しの強い太陽光を浴び続けた。その結果、帰国してから両足はひきつり、しばらく歩くのも大変であった。

さて、帰国してから二週間も経たない二〇一一年一〇月七日、インターネットで検索していると『北國新聞』にいきあたった。そこには「収集難航わずか7柱」と大きくタイトルがついているではないか。これほど辛い思いをしながら、ようやく七柱を収骨できたのに、

「わずか」はないだろうと私は怒りが込み上げてきた。同時に、次回こそという思いもつのってきた。

ところが、翌年の二〇一二年四月、現地で通訳をしてくださった増田郁夫さんが、六五歳でお亡くなりになられたというニュースが飛び込んできた。とうとう、異国の地で最期の時を迎えられたのだ。笑顔がチャーミングな方だった。このニュースは、ご遺族の坂本さんを打ちのめした。一九七二年に初めてミリ島に渡ってから約四〇年。親友を失った坂本さんは二〇一一年の調査で遺骨収集から引退することを決心されたという。私個人としては、是非どなたかに引き継いでもらいたいと思っている。

2　日本のパールハーバー——トラック諸島

トラック島空襲

チュークは、かつてトラック諸島と呼ばれており、旧日本海軍の停泊地として有名であった。実際、現存する唯一の写真と呼ばれている戦艦大和と武蔵が一緒に写っている写真は、このトラック諸島で撮影されている。

一九四一年一二月八日、日本軍はハワイのオアフ島のパールハーバーを航空機で攻撃し、アメリカ太平洋艦隊に打撃を与えた。それから約二年後の一九四四年二月一七日〜同一八日にかけて、アメリカ軍は航空機でトラック諸島を攻撃した。この一週間前、トラック諸島に停泊していた日本の連合艦隊は攻撃される可能性があると判断し、すでにパラオ方面へ退避していた。しかし、残されていた軽巡洋艦・駆逐艦・輸送船等四〇隻以上が沈没し、一〇隻以上が大破、航空機は二七〇機が撃墜あるいは地上で撃破されている。

この時の状況は、攻撃したアメリカ軍でさえ頭をかしげている。それは、トラック諸島が攻撃されているのに、次々と、艦船がトラック諸島の湾内に入ってきたことだという。通常、攻撃されていることを知らされた艦船は、湾とは逆の方向に逃げるはずだからである。この行動が、被害をさらに増やしたといわれている。

さらに、パールハーバー攻撃の際に日本軍は米軍の燃料タンクを破壊できなかったが、トラック諸島では多くのタンクが破壊され備蓄物資もほとんどが破壊されたという。米軍パイロットは「リメンバー・パールハーバー」の合い言葉で攻撃を行った。このトラック諸島は、まさに、日本のパールハーバーとなった。

悲劇は、この後で起きた。制海権と制空権を失い、補給が途絶えたトラック諸島の島々で

泥だらけでの調査

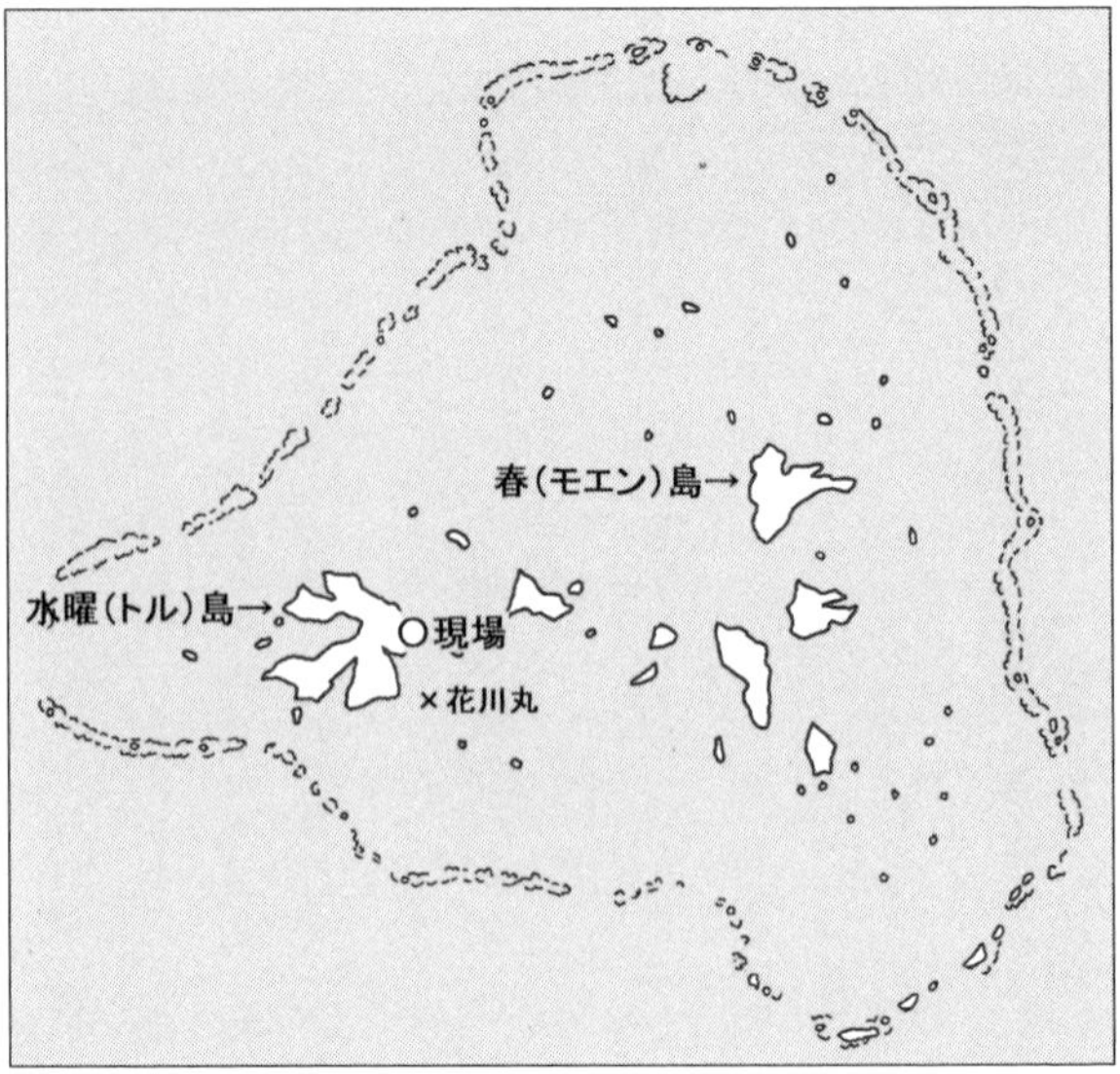

図5-3　トラック諸島

は多くの将兵が飢餓状態に陥ったという。当時のトラック諸島では、東部の島々は春夏秋冬で名付けられており、西部の島々は曜日で名付けられていた。

水曜島と呼ばれていたトル島には、海軍第四病院が設置されており、当時この島にいた故鎌田春一氏により、一〇〇体埋葬されていた戦没者のうち、五五名の氏名が明らかになっていた。海軍軍人は、陸軍軍人のように地域で編成されていないため、五五名の出身地は、北は北海道から南は長崎県にまでわたっている。このトル島の海軍病院の墓地が、今回の調査地だった。

私は、このトラック諸島に二〇一四年一〇月一一日から二週間派遣された。団長は厚労省の手嶋勝さんで補助員は酒井徹さんである。現地調査は八日間。チュークへは、グアム経由で到着する。到着すると、ロビーには大きな地図が掲示されており、そこには旧日本軍の沈船が示してある。

今回の調査中、我々は旧春島と呼ばれたモエン島にあるブルーラグーンホテルに滞在したが、ここは、戦争中、水上飛行機の基地だった場所である。我々以外の宿泊者は、欧米人を中心にほぼ全員がダイバーであった。ダイバーにとって、このチュークは、楽園だという。しかし、かつてダイバーにより沈船から出した日本人戦没者と一緒に撮影した写真がインターネットに掲載され大問題になったことがあった。ダイバーたちにとっての楽園は、実は、日本人戦没者たちの墓場なのである。将来的に、沈船内部のご遺骨も収骨されることを望んでいる。

このホテルから小さなスピードボートで片道約一時間かけて、旧水曜島であるトル島の東側へ通うことになる。なお、このトラック諸島はサイパン島やテニアン島のように高い山がそびえているのが特徴的である。ただ、潮の干潮の関係で、トル島沖数十メートルに停泊するために、毎日、行き帰りに海を歩かなければならず下半身がずぶ濡れになるのが少し難点だった。

写真5-4　海岸から100m以上は海の中を歩く

現地に到着すると、発掘予定地はタロイモ畑となっており、かなり湿地帯になっている。困難な発掘調査になることが予測された。早速、五メートル×五メートルの四角いグリッドを設定し、現地人一五名ほどを雇って発掘を始める。ところが予想通り、湿地帯であるためなかなか思うように発掘が進まず、しかも人骨も出土しない。作業員も調査隊隊員も皆、真っ黒になって発掘をするという状態である。

やがて、人骨や歯も出土し始め、特に金歯も出土した。現地人たちは日本語で「キンバ」と言って騒いでいる。恐らく、高く売れることを知っているのであろう。「戦没者の金歯を盗むと祟りがあるよ」

写真5-5　発掘地は、タロイモ畑で調査は難航した

と言ってこちらも脅かすが、金歯や銀歯が出土するたびに作業員たちは興奮して騒いでいた。

発掘調査で困ったのは、現地人が日本語で「センセイ、タバコアル？」と毎日おねだりをすることだった。私も、海外調査の際はそれを想定していつも多めに購入していくのだが、この時は、毎日しかも多くの作業員からせびられたので閉口したことを覚えている。

日本語といえば、このチュークでは「モリ」という苗字が非常に有名である。これは、一八九二年に土佐藩士だった森小弁に由来する。森は現地で酋長の娘・イザベルと結婚し、一一人の子供をもうけた。この子供たちから孫の世代、さらにひ孫の世代と続き、現在ではチュークには数千人の「モリ一族」がいて、さまざまな分野で中枢を占めているという。実際、第七代ミクロネシア大統領を務めたエマニュエル・マニー・モリ氏にとって森小弁は曾祖父にあたる。私自身も、チュークやグアムの空港のカウンターで、「私も森一族だ」と言われたことがある。

家の下の人骨

現地での発掘調査はだいたい、朝九時〜夕方四時と設定されている。暗くなると、ボートが運航できないからだ。毎日約六時間の発掘調査だが、時々スコールによって、せっかく掘った穴が水浸しになるというアクシデントに見舞われながらも、少しずつだが全貌が見えてきた。

ここは、旧海軍病院の墓地であるため、丁寧に埋葬されていたらしく、頭の方向は北で伸展葬というまっすぐにした状態で規則正しく並んでいたようだ。今では確認できないが、恐らく、以前は墓碑銘も木か何かで記されていたのであろう。ここでも、まさか戦後七〇年以上経ってからしか遺骨収集に来ないとは考えなかっただろう。

八日間の発掘調査で、結局、今回は一三体を発見した。性別は、全員が男性であると推定された。また、前歯にはシャベル型切歯が認められアジア人であると推定された。さらに、前述の通り金歯や銀歯も認められ、さらに遺物には海軍の錨がついたバックルも出土した。間違いなく、旧海軍の戦没者であることが確かめられた。

しかし、そのうち一体は現地に再埋葬せざるをえなかった。最初、大腿骨や脛骨が発見され、北側に掘り進むとそこが家の土台に行き着き、頭はその土台の下にあることが確かめられた。そこで、目印をつけて泣く泣く埋め戻してきたのである。発掘を進めると、どうもこの家の下が主体部で、さらに多くの人骨が埋められているのではないかと思われたが、この調査は次回に譲ることにした。この最後のご遺骨が心残りとなった。

写真5-6　保存状態が良い人骨。錨のマークがついた海軍のベルトバックルも一緒に出土した。

ちなみに、私は行けなかったが次回の調査では、家も家の土台も取り除いて、再埋葬した人骨も無事に発掘できたという。やはり家の下が墓地の主体部であったそうだ。

不思議なエンジン

不思議なことが焼骨式の日に起きた。現地で出土した骨は、毎回、ボートに積んでホテルの私の部屋に運び夜は鑑定を行っていた。しかし、焼骨式を行うために、大量の人骨を入れた白袋をボートに積んで、いざホテルから出発という時である。いつもはすぐにかかるエンジンがかからないのである。何度も何度もエンジンをかけようとするが、エンジンはうんともすんとも言わない。

そこで私は心の中で祈った。「現地に埋め戻しにいくのではなく、向こうで焼骨にしてからまたホテルに持ち帰り、一緒に帰国するのですよ」と。すると、不思議なことに、次の瞬間、エンジンがかかったのである。

焼骨式は、発掘現場のすぐ目の前にある栈橋の突端部で行った。ここに現地人に集めてもらった木でやぐらを組んで、その上に骨を置き、火をつけると風が強いのか高い火柱があがった。まるで、戦後七〇年以上待っていた戦没者の魂が昇天するようである。

さらに、不思議なことが起こった。焼骨式が終わり、午後二時頃に島を出発し、残灰をトル島近くに沈んでいる沈船の花川丸の上で散灰した時である。この花川丸は、一九四三年一〇月二五日に竣工し、五日後に徴用されて運搬船として活躍していたが、トラック大空襲の際、一九四四年二月一八日に魚雷を受けて沈没していた。水深は一五〜三三メートルで、初心者のダイバーにも潜りやすい位置にあるという。

我々が黙禱を終え、ホテルへ帰ろうとすると、またしてもエンジンがかからない。そこで、私はその日の午前中同様に心の中で祈った。「埋め戻して申し訳ありません。ただ、頭の骨無しで掘り出すことはできませんでした。また、戻ってきますので、今回はとりあえず、一二体の英霊を日本に戻してください」と。すると不思議なことに、次の瞬間、エンジンがかかったのである。

トラック諸島には、まだまだご遺骨が残されている。さらなる調査が望まれる。

3　水葬の島——メレヨン島

強行軍の調査

メレヨン島に派遣されたのは、二〇一四年三月四日〜三月一二日であった。全行程、九日間である。この「メレヨン」というのは、先の大戦中に日本軍が使った暗号名であり、ミク

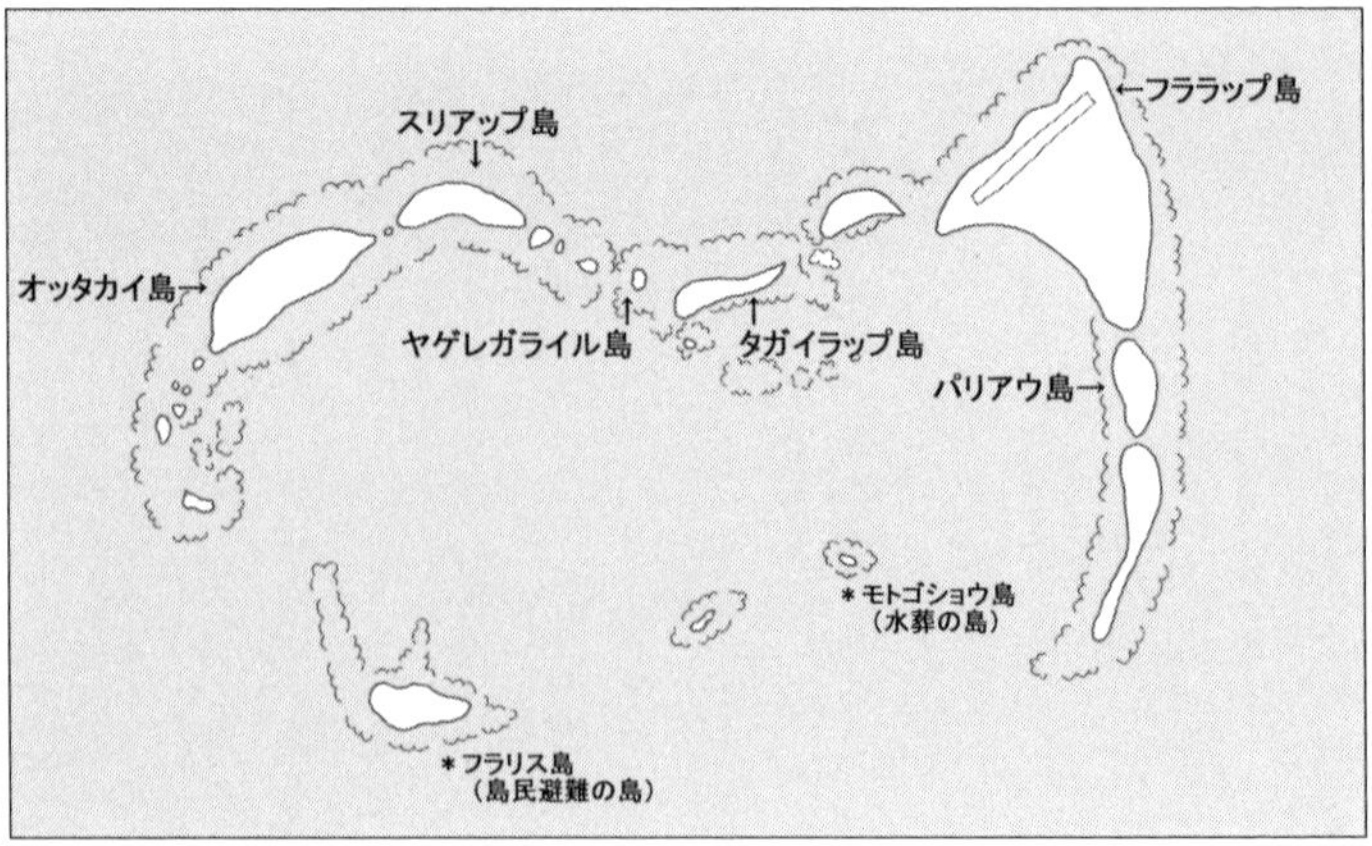

図5-4　メレヨン環礁

ロネシア連邦ヤップ州ウォレアイ環礁というのが正式名称である。日程は、九日間であるが、そのうち、移動に前後三日間ずつかかるため、現地で実際に使える調査はわずか二日である。

一日目は成田空港からグアム島を経由して、トランジットでヤップ島に深夜に到着した。二日目の夕方には、ヤップ島からチャーター船を使って約三五時間をかけて四日目の早朝にメレヨン島へ移動。現地調査は、四日目と五日目であり、六日目にはチャーター船でメレヨン島を出発して八日目の早朝にヤップ島へ到着。八日目には、関係者に報告して、九日目の深夜にヤップ島を出発してグアム島経由で成田空港に帰るという、かなりのハードスケジュールであった。

メレヨン島への行き帰り、中継地点にヤップ島がある。この島は、巨大な石の貨幣である石貨《せきか》で有名である。現地では、ライまたはフェと呼ばれている。この石貨の多くはパラオからカヌーで運ばれており、私もかつてパラオで石切場を見学したことがある。ミクロネシアではビンロウジュという小さなヤシの実が有名であるが、ヤップ島産のビンロウジュが一番質が高いとされる。

メレヨン島は、ヤップ島の東とグアム島の南に位置し、ちょうど、三角形に位置する。大小二二の小さな島から成るが、はっきりと名前がついている島は一四である。現在の人口は約八〇〇人と言われている。戦争中、フララップ島には飛行場があり、戦後しばらくはヤップ島から飛行機でこの島を訪問することができていた。ところが、あまり維持をしていなかったためか、現在では飛行場もかなり痛んだため、最近では飛行機が離着陸を行うことができずに、船でしか行けない場所になっている。

極限の飢餓状況

一九四四年二月、海軍第四四警備隊と第二六設営隊が、フララップ島に飛行場を建設するために上陸した。その後、同年四月には第五〇独立混成旅団が上陸している。記録によると、陸軍三二〇五名、海軍三二二一名の合計六四二六名である。

米軍は、いわゆる飛び石攻撃を行ったため、この島に上陸攻撃を加えなかったが、連日のように空襲を行っている。制海権と制空権を失ったこの島では、物資の補給もままならず、戦没者は四九一三名で、死亡率は七六・五パーセントにも達しており、その死因のほとんどは餓死だという。

当初は、それぞれの島に埋葬していたが、そのうち、場所がなくなると環礁の南側にある小さな島・モトゴショウ島で約一二〇〇名を水葬にしたらしい。ちなみに、海軍では水葬が一般的であり、陸軍では土葬あるいは火葬が一般的であるが、さすがに五〇〇〇名近くを埋葬する場所がなかったのであろう。現地の人々も、元々は水葬であったという。

島の兵士たちがいかに飢えていたかを示す記録がある。元海軍軍医の森萬壽夫さんによる『人間の極限――メレヨン島海軍軍医長の記録』（恒友出版）によると、一九四四年の一人当たりの主食の摂取量は以下のようだった。

四月一二日――七二〇グラム
五月一六日――五八〇グラム
六月一五日――五〇〇グラム
七月一四日――四一〇グラム
八月一〇日――三六〇グラム

八月二一日――二九〇グラム
九月一日――二四〇グラム
九月二一日――一九〇グラム
一〇月二一日――一〇〇グラム

この一〇月二一日が最低水準で、その後、潜水艦による補給が四回ほどあったため一時的に食料配給量が増えるが、それでも二〇〇グラムや二五〇グラムなど、とうてい成人男性の必要摂取カロリーを満たすことはなかった。そのため、島のトカゲやネズミはすぐに姿を消し、カタツムリまで取り尽くされたという。

兵士たちは、栄養失調で体が弱り次々と餓死していった。さらに抵抗力が弱ると、アメーバ赤痢やデング熱に罹り、衰弱して死亡したという。

このような飢餓状態の中、兵士たちは生き残るために食料庫を襲い、食料を奪ったという。時には、見張りの兵士によって襲った兵士が射殺されたり、発見されて捕らえられた場合は翌日銃殺されたという。

この状態を実際に目撃した兵士がいた。一九四五年三月一一日、鹿児島から出撃した特攻隊をウルシー環礁（ヤップ島の近く）まで誘導した二式大艇がメレヨンに着水し、五月七日

写真5–7　ヤップ島からメレヨンへの移動に使用した船

に潜水艦に救助されるまで約二カ月この島で暮らした長峯五郎の『二式大艇空戦記』（光人社）によると、島に着いてすぐに司令官から黒塗りの箱を渡されたという。開けてみると、中にはサツマイモが入っており、当時のメレヨン島での貴重品であることがわかる。さらに、夜中にはあちこちから「パーン、パーン」と小銃の発砲音が聞こえ、食料庫の衛兵が発砲したのか自殺した際の発砲音だと推定されている。

ヤシの木とともに眠る遺骨

ウォレアイ諸島に上陸してみて一番驚いたことは、成人男性は青色や白色のふんどしを身にまとい、成人女性はコシミノをまとって上半身は裸であったことだ。まるで、マゼランが太平洋諸島を調査した時にタイムスリップしてしまったように思ったことを覚えている。正直な話、女性陣と会話をする際は、目のやり場に困った。

ところが、この島々の小学校には我々が調査した二〇一四年にインターネットが入ったという。まるで、過去と現在とが同居したようである。インターネットの導入により、島の習俗が急速に変化することは疑いようがない。

　今回の調査は、団長が厚労省の手嶋勝さんで補助員が石垣拓真さん。私以外に、二人のご遺族が同行した。北海道の小野田儀信さんと、茨城の吉田正義さんである。お二人とも、全国メレヨン会に所属しておられる。

写真5-8　椰子の根にからまって出土した骨。右上の丸いものが頭蓋骨。

　調査は、それぞれ現地での情報に基づいて実施した。メレヨン環礁で出土する人骨の可能性は、当時の日本兵か、最近に土葬された島民しかない。なぜなら昔は皆、水葬であり戦争中は島民たちはフラリス島に疎開しており、一人も死亡していないという記録が残っているからである。

　わずか二日間の期間であるため、なかなか調査は進まなかった。結果は、環礁の東側から西側にかけて、パリアウ島で四体、フララップ島で二体、タガイラップ島で二体、ヤゲレガライル島で一九

写真5-9　全身が出土した骨（矢印）。水に浸かっていると保存状態が良い。

体、スリアップ島で一体、オッタカイ島で四体の、合計三二体であった。このうち数体は、丸々一体が埋葬された状態で発見された。この島での遺骨収集の経験者によると、まだこの島々で丸々一体が埋葬された状態で出るとは予想もしていなかったという。

これらの遺骨は、時には畑から、時には教会の敷地から出土した。また現地の島民がすでに集めていた骨や歯もあった。

これまで、厚労省や他の団体が一九六六年から始めたこの地における遺骨収集で、三〇二〇体を収骨している。すると、残りは一八九三体となるが、このうち、水葬が約一二〇〇体であり、海の底である。そのため、理論的には島の陸部分にはまだ六九三体が残されていることになる。

ただ、今回ヤゲレガライル島でいくつも目撃したのは、外洋の強い波でヤシの木が多く倒され、そのヤシの木の根っこに多くの人骨がからまっている様子であった。これは、生存者の証言通り、当初は、戦没者を土に埋葬して目印のためにその上にヤシの木を植えたということと一致する。当時はまさか、戦後七〇年以上も経ってから収集に来るとは思ってもいなかったのであろう。

大木と化したヤシの木は、波に洗われたり台風で倒木となり、根っこにからまった遺骨と一緒に大海原に流されていっている。土葬された戦没者も、骨になった後で水葬されているということだろう。どうしてもっと早く収骨しなかったのかと、後悔してもしきれない。

涙の焼骨式

焼骨式は、調査六日目の午前中に実施された。島の人々も集まってきて、追悼が行われる。ご遺族の小野田さんと吉田さんのお二人が弔辞を読まれ、お二人ともに「お父さ～ん」と呼びかける声は涙を誘った。

弔辞が終わると、島民の方々に集めてきてもらった棒切れで組んだやぐらの上に置かれたご遺骨に点火して、焼骨が行われる。

写真5-10　焼骨式の時の慰霊式。地元男性のふんどしに注意。

焼かれるご遺骨の中には、ひょっとしたら小野田さんや吉田さんのお父様がいらっしゃるかもしれないと思うと、遺骨鑑定の重要さを再認識した。遺骨収集では、なかなかご遺族とご一緒することもないが、時々そうした機会がある。その際は、やはり緊張するものである。

通常の遺跡発掘では、なかなか、被葬者と現代人との関係はない。しかし、遺骨収集ではまだ生きているご遺族と血縁関係があるかもしれないという可能性がゼロではないのだ。

焼けあがった骨は、ご遺族を中心に炭を取り除きながら骨上げを行い、残った骨灰は島の長老と団長に許可を得て、フララップ島の内海に流した。この内海には、少なくとも一二〇〇体の戦友たちが眠っているのである。

戦後二年経っての終戦

敗戦後、二隻の復員船が優先的に、先に述べたマーシャル諸島ミリ島と、このメレヨン島に派遣された。ミリ島には氷川丸が、そしてメレヨン島には高砂丸が派遣されている。

この高砂丸は、一九三七年に三菱重工長崎造船所で竣工しており、一九四一年には日本海軍に徴用されて病院船として活躍した。一九四五年九月一日、高砂丸は東京を出航してメレヨン島に派遣され、生存者を収容して同年九月二〇日に出航して、同年九月二五日に大分県の別府に帰投している。その後も、中国・ソ連等に派遣されて復員船として活躍した後、一九五六年に解体され、一九年の歴史を閉じた。

かろうじて生き延びたメレヨン派遣部隊であったが、戦後、大きな問題が起きた。一九四六年に安倍能成《よししげ》が岩波書店から発行していた雑誌『世界』に「メレオン島の悲劇——一遺族の手紙」を発表したことによるものである。

この安倍能成は、法政大学教授や京城帝国大学教授、旧制第一高等学校校長等を経て、貴族院議員、文部大臣となり、その後学習院院長を長く務めている。旧制第一高等学校時代の同級生で岩波書店の創立者の岩波茂雄と懇意にしていたため、一九四六年の『世界』創刊時に創設メンバーとしてたびたび寄稿していた。

しかし、「メレオン島の悲劇」は発表時期が悪かった。当時、安倍は文部大臣だったのである。その文章中で、安倍はある遺族からの手紙を紹介し、生存者が階級別に異なることを指摘したのだった。

朝日新聞社が一九六六年に発表した『メレヨン島――生と死の記録』によると、生還者率は、将校六七パーセント（一八八名中一二六名）、准士官七七パーセント（三九名中三〇名）、下士官三六パーセント（五一五名中一八五名）、兵一八パーセント（二四六三名中四四五名）と、確かに、兵に比べると将校や士官の生存率が高いことがわかる。

安倍による記事は、メレヨン島から生還した将校、特に司令官への集中的な非難を引き起こすこととなった。

一九四六年七月一八日、海軍第四四警備隊司令の宮田嘉信元大佐が自決した。翌年の一九四七年八月一五日の終戦記念日に、陸軍独立混成第五〇旅団長の北村勝三元少将が自決している。メレヨン島での戦いは、終戦後二年経ってようやく終わったのである。北村少将は、復員後、日本各地の元部下の遺族を訪ねてお詫び行脚を行っていたという。

第6章

終戦後も戦闘が行われた島——樺太

樺太における終戦後の戦い

一九四五（昭和二〇）年八月一五日、日本は、連合軍に無条件降伏をした。その後、停戦命令が出て各地の日本軍は停戦し、武装解除に応じている。しかし、その後も戦闘が続いていた地域があったということは、あまり知られていないのではないだろうか。

当時の樺太では、八月一五日以後もまだ戦闘が続いていた。正確には、南樺太となる。一九四五年八月九日、ソ連軍は日ソ不可侵条約を一方的に破棄し、満州や樺太に攻め込んできた。もちろん、スターリンとしては、一九四五年二月のヤルタ会談で、アメリカのルーズヴェルトやイギリスのチャーチルから同意を得ていたから、予定通りの行動である。

満州では多くの民間人が取り残され、集団自決が多く起こり、取り残された孤児が後に中国残留孤児として大きな問題となった。一方、樺太では、北緯五〇度線近郊を大日本帝国陸軍第八八師団第一二五連隊が守備していた。国境を越えてきたソ連軍は、戦車・飛行機・火砲・兵士からなっていたが、日本軍側はわずかな迫撃砲・小銃・手榴弾のみで、戦車も飛行機も配備されていなかったという。これは、日本軍側が、来る本土決戦を想定し、主要な戦車や飛行機は北海道に引き上げていたからである。

旧国境付近からは、まっすぐな道路一本のみで、守る側の日本軍には有利であった。とはいえ、数では劣勢である。激戦は、八月一一日に開始された。これら一連の戦闘での日本軍側の犠牲は、戦死者七〇〇人あるいは戦死・行方不明者約二〇〇〇人と言われている。

民間人の死亡者は、三七〇〇人と推定されている。このうち、陸上では、約二〇〇〇人が戦闘に巻き込まれて亡くなっている。その他、八月二二日に、引揚げ船として航行していた「小笠原丸」「泰東丸」「第二号新興丸」の三隻が国籍不明潜水艦による魚雷攻撃により撃沈され、一七〇八人以上が死亡するという三船殉難事件も起きている。

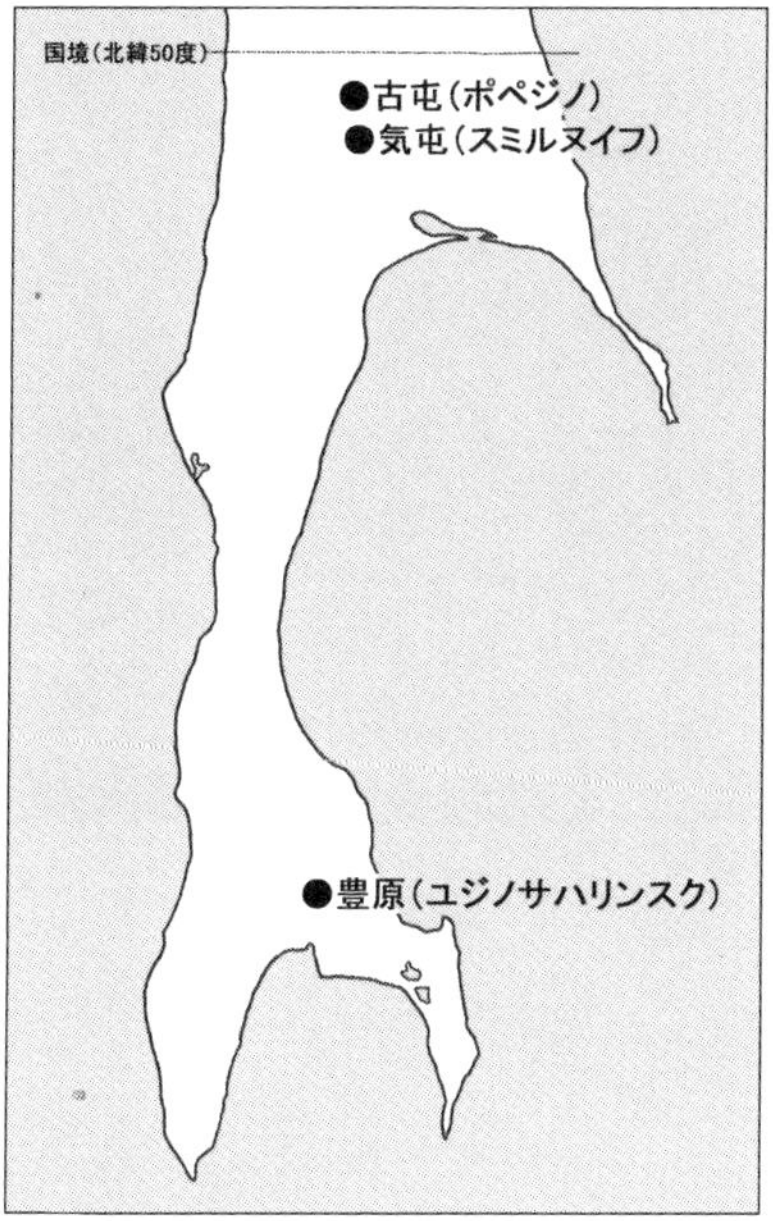

図6-1　樺太南部

遅れて始まった遺骨収集

樺太での遺骨収集は、意外なことに昭和の時代には行われていない。米ソの冷戦があり、日ソ間の関係も良くなかったからである。事態は、ゴルバチョフのペレストロイカで一転した。ようやく、遺骨収集が認められたのである。

写真6-1　樺太博物館

一九九〇（平成二）年から、遺骨収集やすでに収骨された遺骨を受領する事業が始められ、二〇一二（平成二四）年まで二三四体が収骨されている。正確に言うと、一九九〇年に日本社会党北海道本部が四体を収骨しているので、二三八体となる。また、北方領土の占守島《しゅむしゅとう》でも一〇体が収骨されている。

だが、二〇一三年に私が派遣されて行くまで、遺骨鑑定人が派遣されたことはなかった。これは、ロシア本土では医者や法医学者が鑑定を行っているが、樺太には適当な鑑定人がいないというのが理由だったようである。ただし、この原稿を書いている二〇一八年時点では、鑑定人の数ももう少し増えているし、現地での鑑定人も活躍している。

私は、この樺太を二〇一三年一一月二七日から同年一二月四日まで、遺骨鑑定人として初めて調査する機会に恵まれた。メンバーは、厚労省の団長が阿部博一さん、玉城敦さん、通訳の大庭郁子さんと私の四人である。

それまでの調査は、だいたい七月から一〇月に行われており、一一月や一二月の冬季の実施は初めてである。これまでは、常夏の南の島しか派遣されたことはなかったので、しっかりと冬装備をし、防寒対策を怠らなかったのは言うまでもない。

なお、この樺太では、ロシア調査運動とピオネールという二つのボランティア団体が、日ソ両軍兵士の遺骨収集を行っている。旧国境付近では日ソ両軍兵士約二五〇〇名が戦死しており、これまでにソ連軍兵士も一五〇人以上が収集されているという。

豊原、そして気屯へ

一日目の一一月二七日は、成田空港からウラジオストクへ移動し、ウラジオストクで宿泊した。ウラジオストクは、軍港がある都市で、長い間アクセスは禁止されていたという。飛行機は午後五時にウラジオストク空港に着陸したが、時差が二時間あり、すでに午後七時である。ホテルには、八時過ぎに到着。外へ出るには遅いため、ホテルのレストランで午後九時過ぎに夕食をとる。

二日目の一一月二八日は、朝五時に起床してウラジオストク空港へ行き、樺太のユジノサハリンスクへ移動した。このユジノサハリンスクは、かつて豊原《とよはら》と呼ばれており、樺太の中

写真6-2　国境石

心都市である。このユジノサハリンスクに、日本国総領事館もある。総領事館で挨拶を行い、午後はロシア側との会談である。この会談には、ロシアのテレビ局や日本のＮＨＫや北海道新聞も来ており取材を受けた。

　午後二時に会談が終了したので、私は、是非訪問したいと考えていたサハリン州立郷土博物館の訪問を団長に具申し、受け入れられ、約一時間視察を行った。この博物館は、旧樺太庁博物館と呼ばれており、一九三七（昭和一二）年に開館している。戦争中は、陸軍第八八師団の本部が置かれていた。展示は、考古・歴史・民俗の人文展示や動植物の自然展示もある総合展示で、なかなか充実している。中でも、当時の国境に置かれていた国境石が有名であり、また戦争中の日ソ両軍の武器や装備も展示されていたので参考となった。

　さらに、中庭には旧日本軍の野砲や占守島から移したという旧日本陸軍の九五式軽戦車も展示されている。先に述べたように、当時、樺太には戦車は配備されていなかった。この博物館での展示物は、後に、鑑定報告書で活用させてもらい、非常に参考になった。

これで、ホテルに戻って一日が終われば楽なのだが、そうはいかない。この日の午後八時三〇分、我々は、ユジノサハリンスク駅から寝台車に乗り込みスミルヌイフへと出発した。戦争中、スミルヌイフは、気屯《けとん》と呼ばれていた。時間が予定通りというのには驚いた。世界の常識として、時間通り出発する列車は日本とドイツのみだと言われているからだ。寝台車は、二人乗りのコンパートメントで、阿部さんと玉城さんが一室に、そして、私は通訳の大庭さんと同室である。年輩の女性と同室ということだが、経費節約のためには仕方がない。寝台車には無料のウィスキーの小瓶が配られており、それを飲んで就寝した。日本では、高速バスの普及に伴うものなのか、寝台車はどんどん廃止されている。後で知ったが、鉄道ファンの間では、この樺太の寝台車は人気なのだという。何でも、一九二三年の八月に宮沢賢治がここを旅して、『銀河鉄道の夜』の着想を得たと言われているそうだ。

写真6-3　樺太博物館に展示している九五式戦車。占守島から移設。

ボランティア団体から遺骨を受け取る

三日目の一一月二九日、列車は、午前三時四五分にスミルヌイフ駅へと到着した。駅には、ロシア人ドライバーが迎えに来ていて、すぐにホテルへチェックインする。旅の疲れが出たのか、四時三〇分にはぐっすりと眠りについた。

午前一〇時から、スミルヌイフ庁舎で現地政府との打ち合わせがあった。ここで、二つのボランティア団体により収骨された遺骨を受け取った。庁舎の二階に案内されると、関係者が集まっており、その後ろには遺骨が入っている段ボールが並んでいた。中を確認すると、骨や遺物が入れられている。中には、旧日本陸軍の手榴弾も入っており、驚いたがびっくりてはいられない。手榴弾は、すでに、サイパンやテニアンの遺骨収集で多く見ていたので、すぐに旧日本陸軍製だとわかった。

ここで、ロシアのテレビ局からインタビューを受けた。色々と質問を受けたが、最後に、私から二つのボランティア団体が旧日本兵の遺骨を収骨してくれていることに対して御礼を述べて一言付け加えた。

その後、我々は、スミルヌイフの戦争博物館を訪問した。ここは、まだ開館して数年とのことだったが、ロシアの博物館だけあって独ソ戦や日ソ戦の展示が行われている。ソ連・ドイツ・日本製の武器や弾薬が展示されており、これも大変に参考になった。

ホテルに戻ると、午後二時から洗骨である。遺骨が入った段ボール箱は、すべて、私の部屋に置いた。さすがに、永久凍土に長年埋まっていただけあって、黒い土がこびりついている。これを、ブラシや歯ブラシを使って水洗するのである。一人では手に負えないので、阿部さんや玉城さんにもお手伝いいただいた。作業は、約一時間三〇分かかった。後は、乾燥するのを待ち、観察・写真撮影・計測等を経て、鑑定書を書く作業が待っている。

遺物を博物館に寄贈

四日目の一一月三〇日、朝早く起きて、人骨の写真撮影を行う。一〇時に、スミルヌイフ戦争博物館を再訪した。本来は土曜日で休館日らしいが、女性館長さんや夫で歴史家の旦那さんも歓迎してくれて、旧国境近辺の旧日本軍トーチカについてパワーポイントで説明していただいた。質疑応答があり、私の少ない知識でも、迫撃砲用のトーチカや機銃用のトーチカ等を見ることができ、大変に参考となった。

この博物館を再訪したのには、理由があった。通常、遺骨収集を行うと、多くの遺物も出土する。しかし、個体性有りと認定されない限り、それらの遺物は日本に持ち帰ることができない。もっとも、名前が記入された万年筆や認識票等は持ち帰る場合もある。残念ながら、今回はそのような遺物が出土しなかったため、団長の阿部さんと相談して、博物館にすべて寄贈したのである。そうしないと、手榴弾のような危険なものはこちらでは処理できない。

博物館側では喜んでいただき、手榴弾もきちんと爆薬を抜いて将来、展示したいとのことだった。この博物館での展示品は、報告書でも活用させていただいた。簡単な昼食をとると、ロシア人ドライバーが国境を見るかと提案してきた。正確には、旧国境となる。もちろん、これも仕事の一環である。

旧国境付近では、旧ソ連軍兵士の石碑や旧日ソ北緯五〇度線の国境碑や日ソ友好の碑等を見学した。旧日本軍のトーチカもまだ残されており、その外壁には弾痕が数多く残っている。まさしく、かつての激戦を物語る歴史の証人である。ちなみに、トーチカはロシア語で、英語ではピルボックスという。

また、日本国政府が建てた樺太千島戦没者慰霊碑も見学した。この慰霊碑は、一九九六年一一月一日に完成している。遺骨収集と同様に、慰霊碑も平成になってようやく実現したのだ。この慰霊碑は、南樺太と千島列島で亡くなった約一万八九〇〇名の方々を慰霊するだけでなく、この地域で亡くなった日露両国の人々を偲んでいる。

慰霊碑は、季節柄、深い雪で埋もれていた。我々は、せめて慰霊碑の碑文だけでも読めるように手で雪を取り除いた。最後に、旧ソ連の無名戦士の墓に案内された。この樺太で発見された遺骨を埋葬しているという。家族の元に返さないのかと少し驚いたが、国によって事情は異なるのだろう。

三時頃にホテルに戻ると、私には、報告書作成という仕事が待っている。報告書作成は、夕飯後も深夜まで続いた。

写真6-4　焼骨式

五日目の一二月一日、この日は、一日中ホテルの部屋に籠って報告書を作成した。この日の深夜、報告書を仕上げ、一人で祝杯をあげた。

六日目の一二月二日、焼骨式を行う。雪が降り積もっている場所での焼骨は、後にも先にも初めてのことである。だが、ソ連側の準備がよかったのか、問題なく執り行われた。骨もまた、きちんと焼けるのかという心配をよそに、白く焼けており、安堵した。

七日目の一二月三日、早朝にホテルを出て、ユジノサハリンスクからウラジオストクへ。ここでトランジットし、ウラジオストクから成田空港へ移動して、遺骨を引き渡して解散した。

遺骨の鑑定結果

最後に、遺骨の鑑定結果を示しておこう。まず、ロシア調査運動が収骨してくれた遺骨である。

ロシア調査運動のメンバーは、スミルヌイフのハラミトグスキエにて人骨を発見した。日本の一銭硬貨（一九四四年）や日本軍の銃弾やボタン、煙管等が伴出《はんしゅつ》している。部位ごとに鑑定していくと、最小個体数は二個体であり、両方共に成人男性であると推定された。推定身長は、一五七センチから一六六センチとなった。

次にピオネールという団体が収骨した遺骨である。ピオネールのメンバーは、スミルヌイフにて人骨を発見した。当初、四体と考えられていた。ところが、鑑定を行うと男性五体と女性一体の合計六体であることが判明した。

六体の死亡年齢は十代後半から成人で、二〇歳代が主である。ちなみに、この国境周辺には女性はいなかったと考えられている。だが、私は看護婦がいたのではないかと考えている。

ロシア調査運動とピオネールの両団体は、日本人やロシア人に関わらず、収骨をしてくれている。大変、ありがたいことだと思う。

おわりに

何を頭に入れて鑑定をすべきか

本書は、二〇一一年から二〇一八年まで、私が一七回にわたって太平洋諸島を中心に派遣された遺骨収集とその鑑定の物語である。どの場所も記憶に残っているが、四回派遣されたサイパン島と三回派遣されたテニアン島は特に印象深い場所である。それは、他の地域は基本的に全員旧日本軍兵士で男性であるのに対し、サイパン島とテニアン島では民間人、特に女性と子供が多く出土したからである。

女性やさまざまな年齢の子供が出土すると、遺骨鑑定の難易度が高くなる。子供と言っても、中には胎児や新生児・成長期の子供までさまざまな年齢層が出土するため、大きさや特徴を頭に入れておかないと迅速な鑑定はできない。

アメリカのオレゴン大学に留学中の一九八六年、私は、夏休みを利用してアメリカのイリノイ州キャンプスヴィルでノースウェスタン大学の夏期考古学野外実習の単位を取得した。

当時、このフィールドスクールが全米一だという情報を得て、武者修行で参加したのである。

　ここには当時、ジェーン・バイクストラ先生という自然人類学者がいて、素晴らしい教育を行っていた。この実習は、昼間は野外で発掘を行い、夜間は座学という休みもない厳しいものだった。座学のうち、骨の鑑定というコースがあった。これは毎回、二〇個の骨を手渡され、三〇秒以内に人骨か獣骨かを判定し、もし人骨であれば、何という骨で右か左かというのを判定するというものである。しかも、骨自体が大きければ問題ないが、時には親指ぐらいの破片から判定するという難易度が高いものだった。このコースを修了した学生は現在、全米の大学の人類学部で教鞭をとっている。

　遺骨収集の現場で、私はただ骨を鑑定するのではなく、現場で出土した遺物も重要視している。経験を積んでくると、出土遺物や洞窟等の出土場所を見ると、そこが旧軍の防衛箇所なのか、あるいは民間人が避難していた場所かがわかるようになる。また、日米英仏で人類学の教育を受けた身として、現地に派遣されると必ず、現地での埋葬方法も聞き取りしている。島によって、埋葬の際の頭の方向である頭位は必ず確かめている。きちんと埋葬されている場合、日本兵の頭位は北が多い。これが、島民の場合、頭位が南であったり西であったりと異なる場合が多く、これが鑑定の参考となる。

　さらに、戦争の歴史である戦史も重要視している。例えば、本書第3章の「撃墜された攻撃機」は、戦史を詳細に調べ、さらに現地で聞き取り調査をして総合的に導き出した結果、発見されたと言えるであろう。

私は、遺骨収集の現場で、鑑定作業が非常に早く、報告書を仕上げるのも早いと言われている。報告書は、今では英文と和文の両文併記にしている。これは、かつて英語を間違った日本語に翻訳されたことがあるためである。つまり私は、英文にも和文にも責任をもってあたっているということになる。

某テレビ局では、「私、失敗しないので」が有名なフレーズとなっている医療ドラマを放映している。だがある回で、その秘密が明かされた。手術ごとにあらゆる事態を想定して予測した、詳細なノートをつけていたという用意周到ぶりが、その秘密であった。

私の遺骨鑑定が早いというのは、たまに遺骨収集に派遣されて骨を時々見るという状態ではないからである。私は毎日のように、日本各地から出土した遺跡出土人骨を見て鑑定を行っているのである。遺跡出土人骨は、その多くが破片である。その状態は、遺骨収集の現場でも多くが同様である。人類学や解剖学を専攻していれば、完全な状態の骨を鑑定するのは比較的容易である。ところが、破片となると別である。常に、骨をよく見て観察し鑑定していなければ困難である。私の遺骨収集における「私、失敗しないので」は、その日々の鑑定による裏付けがあるからである。

本書には、多くの不思議な逸話が出てくる。「オカルトだ」と批判を受けるかもしれない。ただ、遺骨収集に不思議な話はつきものであることは、さまざまな方々が証言しておられる。

私の母によると、「骨にまつわる職業につくには三代かかる」という。つまり、父母・祖父母・曾祖父母の合計一四名の信仰心が必要だというのだ。そう言えば、母方の祖母は信仰心が厚く、父方の曾祖母は広島県宮島の厳島神社の神官・佐伯氏の出身であった。

犠牲者に人道をつくす

最近、「日本兵の遺骨は各地で土に還っている」という発言をちらほらと聞く機会がある。その発言の裏には、遺骨収集事業を早期に終了させたいという意図があるのかもしれない。だが、本書をご覧いただくと遺骨は決して土に還っていないことがおわかりだろう。そもそも、もし遺骨が七〇年で土に還るのであれば、日本のみならず世界中の人類学者が職を失ってしまう。骨が土に還らないからこそ、旧石器時代から江戸時代までの人骨が各地から出土しており、人類学者はその鑑定や研究ができるのである。

私は、今、大妻女子大学博物館に勤務している。この場所は、東側に私がこれまで各地で収骨してきた戦没者が収められている千鳥ヶ淵戦没者墓苑があり、北側に私の親類二名が入っている靖国神社があり、西側にはかつての陸軍士官学校である防衛省が位置している。私にとって、因縁の深い場所である。

私が福岡県北九州市小倉で小学校時代を過ごしていたころ、商店街には、白い帽子に白い着物をまとった傷痍軍人が多数いた。いつの頃からか、そのような姿は見かけなくなった。日本は、一九四五年の終戦から七〇年以上戦争を行っていない。これは、素晴らしいことだと思う。一方、私がアメリカのオレゴン大学に留学していた頃、父親を朝鮮戦争で亡くした同級生がいたし、私より少し上の世代にはベトナム戦争で負傷した車椅子の学生がいた。また、イギリスのオックスフォード大学に留学していた頃、教授陣は第二次世界大戦に従軍していた経験者が多く、ある大学の教授は私が右手を差し出して握手をしようとすると左手を差し出した。それは、従軍中、右手拳を負傷して失っていたからである。

東京大学名誉教授の埴原和郎先生は、一九五一年、北九州市小倉で朝鮮戦争で戦没したアメリカ兵の遺骨鑑定にあたっていた。その経験を、一九六五年に『骨を読む』として出版し、後の一九九七年に『骨はヒトを語る』として再販している。その本のあとがきには、以下のように書かれている。

「かつての戦場には、おびただしい数の日本兵の遺骨が残されていると聞く。遺骨収集団が派遣されているとはいうものの、その規模においても、処理の科学性においても、日本と米国との間には残念ながら雲泥の差があるといわざるをえないのである。戦争をおそれにくむばかりが能ではない。過去の戦争の犠牲者に対して人道をつくすこともまた、平和を願うわれわれに課せられた義務ではないだろうか」

また、埴原先生と一緒に小倉で遺骨鑑定にあたっていた、古江忠雄先生と香原志勢先生の三名の連名で一九五二年に『人類学雑誌』に発表された「死体の個人識別」という論文の最後には、以下のように書かれている。

「最後に、我々は国籍、人種の如何を問わず、戦争の災禍に余りにも多くの青年がいまだ死ぬべき時に非ずして、しかも死んでいった事実を心から悼み、稿をとじる」

戦没者の遺骨鑑定は、ある意味、人類学の中でも一番社会に貢献できることかもしれない。人類学の大先輩たちの文章を改めて読み返し、私も身体が動く限りかつての戦場に赴き、生ある限り遺骨鑑定を継続して行っていきたいと決意した。

人類学、そして遺骨収集に導いてくださった先生方

「君は、三浪もしているのに明るく心がねじけていないないな」

そう言って笑ったのは、私を人類学に導いてくださった鈴木尚《ひさし》先生である。鈴木先生は、弟子に陽気な人間を好まれた。死者の人骨を扱うには、明るい人間の方が好ましいのかもしれない。

私は、医学部受験に失敗して、一九八〇年に成城大学経済学部に入学した。その教養課程で、人類学の最初の師となる鈴木尚先生の「人類学」の講義に魅了され、毎回、一番前の席に陣取り熱心に受講していた。鈴木先生は、東京大学理学部人類学教室教授・国立科学博物館人類研究部長を経て、一九七六年から成城大学に勤務しておられた。やがて一年が経った頃、鈴木先生の研究室に呼ばれて、冒頭のように言われたのだった。

「人類学に興味があるなら、これで勉強したまえ」と、鈴木先生はおもむろに人間の頭蓋骨と解剖学書を手渡された。今思えば、頭蓋骨を専門にしろという意味だったのだろう。実際、鈴木先生の東京大学時代のお弟子さんは、佐倉朔《はじめ》先生（当時、国立科学博物館）は歯を、遠藤萬里先生（当時、東京大学）・木村賛《たすく》先生（当時、京都大学）・馬場悠男先生（当時、獨協医大）・平本嘉助《よしすけ》先生（当時、産業医大）の四人の先生は四肢骨を専門とされていた。

もし私が医師になっていたなら、遺骨収集にたずさわることもなく、もちろん人類学とも関わりはなかっただろう。他大学に進学したとしてもそれは同じ結果だったろう。鈴木先生とは、まるで運命とも言える邂逅であった。鈴木先生が六八歳、私が二二歳の時だった。

実は、鈴木先生は、小金井良精先生の最後の弟子である。鈴木先生が存命中、私は「鈴木先生の最後の弟子」と通称で呼ばれていたが、鈴木先生の逝去された後では文字通り、最後の弟子となった。私は、生きている患者を診るのではなく、物言わぬ人骨を相手にすることになった。

当時の成城大学は人類学の先生方が多く非常勤講師で講義されていた。法学部では平井百樹先生（当時、東京大学）が、文芸学部では香原志勢先生（当時、立教大学）が「人類学」を講義されており、「自然科学特別講義」では尾本恵市先生（当時、東京大学）と遠藤萬里先生（当時、東京大学）が講義されており、私は大学にいながら贅沢な講義を聴講した。

やがて、将来のことを心配された鈴木先生は、私を国立科学博物館人類研究部の佐倉朔先生と東京大学理学部人類学教室の遠藤萬里先生をご紹介くださり、本格的に人類学の勉強を始めた。中でも佐倉先生は、私に人骨や歯の鑑定方法や計測方法に加えて、写真やレントゲン撮影・フィルム現像・焼き付け・レプリカの型どり・レプリカ製作方法を手取り足取りで教えてくださった。

一九八九年に、新宿区戸山町の旧軍医学校跡地で大量の人骨が発見された。その鑑定を誰が行うのかは、人選が難航した。某医学部の解剖学教授が行うという噂も流れたが、いつの間にか立ち消えとなった。佐倉先生は一九九一年に国立科学博物館を早期退官され、札幌学院大学に移籍された。その年の九月から一〇月にかけて、佐倉先生は戸山町人骨の鑑定をなさったが、私も数日間助手を務めさせていただいた。人骨は、ある葬儀社の地下室にあった。その光景は、今でも生々しく思い出すことができる。

佐倉先生は二〇一五年に逝去され、六月には偲ぶ会が開催された。奥様はその会で、「先進国の日本に戸山町人骨を鑑定する人類学者が誰もいないとは日本の恥であるので、自分が行うことにした」と佐倉先生の決意を披露された。

私の遺骨収集には、この佐倉先生の影響が大きいことを、最近感じている。

謝辞

一七回の遺骨収集派遣では、多くの方々に大変お世話になった。ここに、すべての方々のお名前を挙げることはとうてい不可能であることをお許しいただきたい。

まず、本書を上梓するきっかけは、東京大学名誉教授の分子人類学者・尾本恵市先生から筑摩書房にご推薦いただいたことによる。直前の項で触れたが、尾本先生の成城大学での「自然科学特別講義」を一九八〇年に学生として聴講して以来、四〇年近くもご指導いただいている。感謝申し上げたい。

次に、筑摩書房の松田健ちくま新書編集長は、私の遅筆を辛抱強くお待ちいただき、かつ悪文を平易に書き直していただいた。松田様抜きでは、本書は刊行できなかった。感謝申し上げたい。

さらに、日本青年遺骨収集団の赤木衛理事長とは、サイパン調査四回・テニアン調査二回の合計六回をご一緒させていただいた。最初にサイパンで出会った時から、なぜか親密に感じていたが、赤木家と楢崎家のルーツをたどると、どうも先祖の代から縁があることがわかった。最近は、「生まれ変わりながらの出会いは、今回が四度目ですね」という言葉を交わしている。ただ、「何度生まれ変わっても、赤木さんは下士官で小生は将校ですけどね。」と付け加えることにしており、ご本人もまんざらではないようだ。「軍隊は将校ではなく、下士官でもっているのです。」と言い返してくる。

現在私が勤務している大妻女子大学の伊藤正直理事長兼学長と大妻女子大学博物館館長の大澤清二先生には、私が出張することをお認めいただいた。感謝申し上げたい。大澤館長は、ミャンマーをフィールドとしておられる。ミャンマーは、父方の叔父が戦死したビルマである。いつの日か、ビルマに収骨する日が来ることを望んでいる。

厚労省の団長としては、星川信貴さんとサイパンに三回、手嶋勝さんとはメレヨンとトラックに二回、新津浩平さんとはマーシャル諸島に二回、皆川宏さんとはツバルに一回、阿部博一さんとは樺太に一回、田邉幸夫さんとはテニアン島に一回、橋口真治さんとはミリ島に一回、玉城敦さんとは樺太に一回、有馬純典さん・橋本弘文さん・山本裕二さん・土元敏信さんとはペリリュー島に一回ずつ、ご一緒させていただいた。

当時厚労省で、現在日本戦没者遺骨収集推進協会に勤務している石垣拓真さんとは十回・

同じく中山亜理沙さんとは五回、ご一緒した。現在、遺骨収集からは離れておられるが酒井徹さんとは三回ご一緒した。三人とも、私の遺骨鑑定にあたっては助手を務めていただいた。三人とも、私の弟子のようなものである。

最後になるが、日米英仏で教育する機会を与えてくれた、私の両親に感謝したい。一九四五年八月六日、その日、父と母は原爆が投下された広島に居住しており被爆した。つまり、私は被爆二世ということになる。被爆した人間は、長生きできないとまで揶揄されたが、父は今年、二〇一八年一月に米寿を迎え、母は四月に八四歳を迎えた。父は、幼心にアメリカを憎んだと思う。海外旅行でヨーロッパには出かけたが、アメリカの土を踏んだことはない。それどころか、私が留学から帰国すると「どうしてお前はドイツやイタリアに留学しなかったのか」と少し責められた。「かつての敵国を視察するのが目的です。戦をするには敵を知らなければ」と私は少しうそぶいた。日本人がドイツに留学すると「今度はイタ公抜きでやろう」と言われていた時代である。

本書は、この両親に捧げたい。

いつの日か、日米のみならず、すべての国の戦没者が収骨される日が来ることを願いつつ筆を擱きたい。

二〇一八年六月　一八回目の遺骨鑑定・テニアン島にて

参考文献

＊以下に、本書で参考にした主な文献を出版年順に章ごとに記した。なお、防衛庁防衛研究所戦史室による『戦史叢書』は割愛した。また、英語等の外国語で書かれた文献も割愛した。

全般

厚生省援護局編　一九七八　『引揚げと援護三十年の歩み』ぎょうせい
三ヶ野大典　一九九三　『秘蔵写真で知る近代日本の戦歴14　玉砕の戦場――孤島の死闘』フットワーク出版社
別冊歴史読本編　一九九三　『孤島の戦闘玉砕戦』新人物往来社
佐藤和正　二〇〇〇　『玉砕の島――太平洋戦争　激闘の秘録』光人社NF文庫
藤原彰　二〇〇一　『餓死《うえじに》した英霊たち』青木書店（ちくま学芸文庫より二〇一八年に再刊）
ゴードン・L・ロトマン　二〇〇六　『太平洋戦争の日本軍防御陣地1941―1945』（齋木伸生訳）、大日本絵画
西村誠　二〇〇七　『太平洋戦跡紀行――サイパン・グアム・テニアン』光人社
西村誠　二〇〇七　『太平洋戦跡紀行――ペリリュー・アンガウル・トラック』光人社
笹幸恵　二〇〇七　『女ひとり玉砕の島を行く』文藝春秋
喜多由浩　二〇〇九　『野口健が聞いた英霊の声なき声』産経新聞出版
田中宏巳　二〇一〇　『復員・引揚げの研究』新人物往来社
安島太佳由　二〇一〇　『歩いて見た太平洋戦争の島々』（吉田裕監修）、岩波ジュニア新書

歴史群像編　二〇一一『歴史群像アーカイブ18　太平洋島嶼戦』学研パブリッシング
堀内光雄　二〇一三『「靖国」と「千鳥ヶ淵」を考える』祥伝社新書
一ノ瀬俊也　二〇一四『日本軍と日本兵――米軍報告書は語る』講談社現代新書
浜井和史　二〇一四『海外戦没者の戦後史――遺骨帰還と慰霊』吉川弘文館
北影雄幸　二〇一四『これだけは知っておきたい玉砕の本――日本人の勇気』光人社ＮＦ文庫
一ノ瀬俊也　二〇一五『米軍が恐れた「卑怯な日本軍」』文春文庫
栗原俊雄　二〇一五『遺骨――戦没者三一〇万人の戦後史』岩波新書
井上亮　二〇一五『忘れられた島々――「南洋群島」の現代史』平凡社新書
保阪正康　二〇一五『写真で見る太平洋戦争Ⅱ　玉砕の島々と沖縄戦、終戦への道』山川出版社
楢崎修一郎　二〇一五「太平洋諸島に残る戦争遺跡とその活用」（『季刊考古学別冊23　アジアの戦争遺跡と活用』雄山閣）
共同通信社会部編　二〇一六『30代記者たちが出会った戦争』岩波ジュニア新書
「消えゆく太平洋戦争の戦跡」編集委員会編　二〇一七『消えゆく太平洋戦争の戦跡』山川出版社
吉田裕　二〇一七『日本軍兵士――アジア・太平洋戦争の現実』中公新書
今井昭彦　二〇一八『対外戦争戦没者の慰霊――敗戦までの展開』御茶の水書房

第１章　幻のペリリュー島調査

↓第４章４の参考文献も参照

太平洋学会編　一九八九『太平洋諸島百科事典』原書房
太平洋学会編　一九九〇『太平洋諸島入門――生活風俗から非核憲法まで初めてのトータルな太平洋案内』三省堂選書

中島洋　二〇〇三　『サイパン・グアム　光と影の博物誌』現代書館
楢崎修一郎　二〇一七　「幻の日米合同ペリリュー島調査――中島洋先生と私」（『太平洋学会誌』）

第２章　骨を読む

埴原和郎　一九六五　『骨を読む――ある人類学者の体験』中公新書
埴原和郎　一九九七　『骨はヒトを語る――死体鑑定の科学的最終手段』講談社＋α文庫
片山一道　一九九九　『古人骨は語る――骨考古学ことはじめ』角川ソフィア文庫
橋本正次　二〇〇〇　『犯罪科学捜査』宝島社新書
楢崎修一郎　二〇〇〇　「骨と歯の発達と老化」（『身体発達』ぶんしん出版）

第３章　撃墜された攻撃機――ツバル共和国ヌイ環礁

蔵増実佳　二〇〇九　『望郷の戦記――奇蹟の一式陸攻』光人社ＮＦ文庫

第４章　玉砕の島々

１　銃殺された兵士――マーシャル諸島クェゼリン環礁

谷浦英男　二〇〇〇　『タラワ、マキンの戦い――海軍陸戦隊ギルバート戦記』草思社

２　集団埋葬の島――サイパン島

下田四郎　二〇〇二　『サイパン戦車戦――戦車第九連隊の玉砕』光人社ＮＦ文庫
楢崎修一郎　二〇〇三　「サイパン島の戦争遺跡――非戦闘員一万人の犠牲を生んだ島」（十菱駿武・菊池実編『続しらべる戦争遺跡の事典』柏書房）
平櫛孝　二〇〇六　『サイパン肉弾戦――玉砕戦から生還した参謀の証言』光人社ＮＦ文庫

高橋義樹　二〇〇八　『サイパン特派員の見た玉砕の島——米軍上陸前のマリアナ諸島の実態』　光人社
NF文庫
近現代史編纂会編　二〇一一　『詳説図解サイパンの戦い——「大場栄大尉」を読み解く』　山川出版社
「丸」編集部編　二〇一三　『精強261空〝虎部隊〟サイパン戦記』　光人社NF文庫

3　不沈空母の島——テニアン島

石上正夫　一九七九　『戦争と人間の記録玉砕島テニアン』　現代史出版会（徳間書店）
横森直行　一九八八　『提督角田覚治の沈黙——一航艦司令長官テニアンに死す』　光人社
伊藤孝治　一九九〇　『悲惨・テニアン島——地獄を見た兵士』　旺史社
中村春一　一九九九　『玉砕テニアン警備隊——海軍第五十六警備隊員が遺した死闘の戦記』　北の街社
伊藤久夫　二〇〇四　『慟哭のテニアン島』　日本僑報社
橋本以行　二〇〇四　『日米潜水艦戦——第三の原爆搭載艦撃沈艦長の遺稿』　光人社NF文庫
松田十刻　二〇〇九　『角田覚治——「見敵必戦」を貫いた闘将』　PHP文庫
伊藤久夫　二〇一三　『戦後の我が歩み』　日本僑報社

4　天皇の島——パラオ共和国ペリリュー島

児島襄　一九六七　『天皇の島』　講談社
船坂弘　一九九六　『英霊の絶叫——玉砕島アンガウル戦記』　光人社NF文庫
船坂弘　二〇〇〇　『秘話パラオ戦記——玉砕戦の孤島に大義はなかった』　光人社NF文庫
船坂弘　二〇〇〇　『ペリリュー島玉砕戦——南海の小島七十日の血戦』　光人社NF文庫
楢崎修一郎　二〇〇二　「ペリリュー島の戦争遺跡——「天皇の島」と呼ばれた玉砕の島」（十菱駿武・
菊池実編『しらべる戦争の事典』柏書房）
ユージン・B・スレッジ　二〇〇八　『ペリリュー・沖縄戦記』（伊藤真・曽田和子訳）、講談社学術文

庫
久山忍　二〇〇九　『戦いいまだ終わらず』産経新聞出版
ジェームス・H・ハラス　二〇一〇　『ペリリュー島戦記――珊瑚礁の小島で海兵隊員が見た真実の恐怖』（猿渡青児訳）、光人社NF文庫
前澤哲也　二〇一一　『帝国陸軍高崎連隊の近代史　下巻　昭和編』雄山閣
星亮一　二〇一五　『アンガウル、ペリリュー戦記――玉砕を生きのびて』光人社NF文庫
荒井利子　二〇一五　『日本を愛した植民地――南洋パラオの真実』新潮新書
平塚柾緒　二〇一五　『写真で見るペリリューの戦い――忘れてはならない日米の戦場』山川出版社

第5章　飢餓に苦しんだ島々

1　処刑も行われた島――マーシャル諸島ミリ島

木村喜左エ門　一九七三　『ミレー島戦私訳』ハクイ印刷
石野芳夫　一九七五　『ミレー島戦の追憶』北国出版社
ミレー島戦回想録集「平和の鐘鳴る島」編集委員会編　一九七六　『ミレー島戦回想録集「平和の鐘鳴る島」』ハクイ印刷
堤亨　一九八八　『ミレー島戦編集集録』（非売品）
読売新聞大阪社会部編　一九九四　『新聞記者が語りつぐ戦争9　遥かなるミレー』新風書房

2　日本のパールハーバー――トラック諸島

藤記義一　一九八二　『トラック島の終焉――一軍医の日記』幻想社

3　水葬の島――メレヨン島

朝日新聞社編　一九六六　『メレヨン島――生と死の記録』朝日新聞社

森萬壽夫　一九七四　『人間の極限――メレヨン島海軍軍医長の記録』恒友出版
金沢英夫　一九八八　『メレヨン島生還記』アルププロ
千田夏光　一九八八　『黙示の海』汐文社
今野清次郎　一九九五　『メレヨンの戦い』多田屋
今野清次郎　二〇〇一　『鎮魂の半世紀』須賀印刷所
一ノ瀬俊也　二〇〇六　「餓死の島をなぜ語るか――メレヨン島生還者たちの回想記」（『国立歴史民俗博物館研究報告』第一二六集、国立歴史民俗博物館）

第6章　終戦後も戦闘が行われた島――樺太

金子俊男　一九七二　『樺太一九四五年夏――樺太終戦記録』講談社
創価学会青年部反戦出版委員会編　一九七六　『望郷の島々――千島・樺太引揚げ者の記録』第三文明社
中山隆志　二〇〇一　『一九四五年夏最後の日ソ戦』中公文庫
丸山重　二〇〇五　『樺太戦記』東京図書出版会
大野芳　二〇一〇　『8月17日、ソ連軍上陸す――最果ての要衝・占守島攻防記』新潮文庫
上原卓　二〇一三　『北海道を守った占守島《しゅむしゅとう》の戦い』祥伝社新書
藤村建雄　二〇一七　『知られざる本土決戦　南樺太終戦史――日本領南樺太十七日間の戦争』潮書房光人社

太平洋戦争関連年表

＊本書に記載がある部分は、ゴシック体で示している

一九四一（昭和一六）年

・一二月八日、日本軍が真珠湾攻撃

一九四二（昭和一七）年

・六月五日～七日、ミッドウェー海戦で日本軍が敗北。
・六月七日、日本軍がキスカ島に上陸占領
・六月八日、日本軍がアッツ島に上陸占領

一九四三（昭和一八）年

・五月二九日、アッツ島の日本軍守備隊玉砕
・七月二九日、キスカ島から日本軍守備隊撤退
・八月一九日、タラワから離陸した九六式陸上攻撃機がツバル・ヌイ環礁で撃墜［第３章］
・九月、イタリアが連合国に降伏
・一一月二四日、マキン島、二五日、タラワ島の日本軍守備隊玉砕

一九四四（昭和一九）年

・**二月五日、クェゼリン島の日本軍守備隊玉砕　［第４章1］**
・**二月一七日、トラック島、米軍による空襲　［第５章2］**
・六月一五日、米軍がサイパン島へ上陸攻撃
・六月一六日、米軍が中国大陸から北九州を空襲
・**七月七日、サイパン島の日本軍守備隊玉砕　［第４章2］**
・七月二一日、米軍がグアム島へ上陸攻撃
・七月二四日、米軍がテニアン島へ上陸攻撃
・**八月二日、テニアン島の日本軍守備隊玉砕　［第４章3］**
・八月一一日、グアム島の日本軍守備隊玉砕
・九月一五日、米軍がペリリュー島へ上陸攻撃
・**一一月二四日、ペリリュー島の日本軍守備隊玉砕　［第４章の４］**
・一一月二四日、米軍のＢ29爆撃機がマリアナ諸島より東京を初空襲

一九四五（昭和二〇）年

・二月一九日、米軍が硫黄島に上陸攻撃
・三月九日～一〇日、米軍による東京大空襲

・三月二五日、硫黄島の日本軍守備隊玉砕
・四月一日、米軍が沖縄本島に上陸攻撃
・五月八日、ドイツが連合軍に降伏
・六月二三日、沖縄の日本軍の組織的戦闘が終了
・八月六日、米軍が広島に原子爆弾を投下（テニアン島から離陸）
・八月八日、ソ連軍が対日参戦。南樺太の国境北緯五〇度で戦闘開始［第6章］
・八月九日、米軍が長崎に原子爆弾を投下（テニアン島から離陸）
・八月一五日、終戦
・八月一八日、南樺太の国境付近での戦闘終了［第6章］
・八月一八日、ソ連軍が占守島へ侵攻
・八月二一日、占守島で日ソ両軍停戦
・八月二二日、南樺太からの避難船三隻が国籍不明潜水艦により撃沈
・八月二二日、ミリ島の日本軍守備隊武装解除［第5章1］
・八月二八日、ソ連軍が千島列島の択捉島を占領
・九月一日、ソ連軍が千島列島の国後島・歯舞島を占領
・九月二日、降伏文書調印
・九月五日、ソ連軍が千島列島の色丹島を占領
・九月一七日、メレヨン島の日本軍守備隊武装解除［第5章3］

・九月二五日、メレヨン島からの引揚げ船・高砂丸が大分県別府に到着〔第5章3〕
・一〇月六日、ミリ島からの引揚げ船・氷川丸が浦賀に到着〔第5章1〕

楢崎修一郎（ならさき・しゅういちろう）

一九五八年、大分県生まれ。成城大学・オレゴン大学卒業。オックスフォード大学大学院修了。ボルドーI大学大学院中退。群馬県立自然史博物館、群馬県埋蔵文化財調査事業団、厚生労働省等を経て、現在、大妻女子大学博物館勤務。専門は人類学。これまで、ケニア・シリア・インドネシア等で発掘調査に従事。近年は、主に太平洋地域で遺骨収集に従事している。訳書にR・ルーウィン『人類の起源と進化』（てらぺいあ、一九九三年）、監修に『日本人のはじまり』（岩崎書店、二〇〇四年）がある。

筑摩選書 0163

骨《ほね》が語《かた》る兵士《へいし》の最期《さいご》

太平洋戦争《たいへいようせんそう》・戦没者遺骨収集《せんぼつしゃいこつしゅうしゅう》の真実《しんじつ》

二〇一八年七月一五日　初版第一刷発行

著　者　楢崎修一郎《ならさきしゅういちろう》

発行者　山野浩一

発行所　株式会社筑摩書房

東京都台東区蔵前二-五-三　郵便番号　一一一-八七五五

振替　〇〇一六〇-八-四一二三

装幀者　神田昇和

印刷 製本　中央精版印刷株式会社

乱丁・落丁本の場合は左記宛にご送付ください。送料小社負担でお取り替えいたします。

ご注文、お問い合わせも左記へお願いいたします。

筑摩書房サービスセンター

さいたま市北区櫛引町二-六〇四　〒三三一-八五〇七　電話　〇四八-六五一-〇〇五三

Printed in Japan　ISBN978-4-480-01670-6 C0320

筑摩選書 0023

天皇陵古墳への招待

森浩一

いまだ発掘が許されない天皇陵古墳。本書では、天皇陵古墳をめぐる考古学の歩みを振り返りつつ、古墳の地理的位置・形状、文献資料を駆使し総合的に考察する。

筑摩選書 0028

日米「核密約」の全貌

太田昌克

日米核密約……。長らくその真相は闇に包まれてきた。それはなぜ、いかにして取り結ばれたのか。日米双方の関係者百人以上に取材し、その全貌を明らかにする。

筑摩選書 0029

農村青年社事件
昭和アナキストの見た幻

保阪正康

不況にあえぐ昭和12年、突如全国で撒かれた号外新聞。そこには暴動・テロなどの見出しがあった。昭和最大規模のアナキスト弾圧事件の真相と人々の素顔に迫る。

筑摩選書 0036

伊勢神宮と古代王権
神宮・斎宮・天皇がおりなした六百年

榎村寛之

神宮をめぐり、交錯する天皇家と地域勢力の野望。王権は何を夢見、神宮は何を期待したのか？ 王権の変遷に翻弄され変容していった伊勢神宮という存在の謎に迫る。

筑摩選書 0039

長崎奉行
等身大の官僚群像

鈴木康子

江戸から遠く離れ、国内で唯一海外に開かれた町、長崎を統べる長崎奉行。彼らはどのような官僚人生を生きたのか。豊富な史料をもとに、その悲喜交々を描き出す。

筑摩選書 0050

敗戦と戦後のあいだで
遅れて帰りし者たち

五十嵐惠邦

戦争体験をかかえて戦後を生きるとはどういうことか。五味川純平、石原吉郎、横井庄一、小野田寛郎、中村輝夫……。彼らの足跡から戦後日本社会の条件を考察する。

筑摩選書 0062

中国の強国構想
日清戦争後から現代まで

劉傑

日清戦争の敗北とともに湧き起こった中国の強国化への意志。鍵となる考え方を読み解きながら、その国家構想の変遷を追い、中国問題の根底にある論理をあぶり出す。

筑摩選書 0063

戦争学原論

石津朋之

人類の歴史と共にある戦争。この社会的事象を捉えるにはどのようなアプローチを取ればよいのか。タブーを超え、日本における「戦争学」の誕生をもたらす試論の登場。

筑摩選書 0066

江戸の風評被害

鈴木浩三

市場経済が発達した江戸期、損得に関わる風説やうわさは瞬く間に広がって人々の行動に影響を与え、政治経済を動かした。群集心理から江戸の社会システムを読む。

筑摩選書 0072

愛国・革命・民主
日本史から世界を考える

三谷 博

近代世界に類を見ない大革命、明治維新はどうして可能だったのか。その歴史的経験から、時空を超える普遍的英知を探り、それを補助線に世界の「いま」を理解する。

筑摩選書 0075

SL機関士の太平洋戦争

椎橋俊之

人員・物資不足、迫り来る戦火――過酷な戦時輸送の重責を、若い機関士たちはいかに使命感に駆られ果たしたか。機関士OBの貴重な証言に基づくノンフィクション。

筑摩選書 0105

昭和の迷走
「第二満州国」に憑かれて

多田井喜生

破局への分岐点となった華北進出は、陸軍の暴走と勝田主計の朝鮮銀行を軸にした通貨工作によって可能となった。「長城線を越えた」特異な時代を浮き彫りにする。

筑摩選書 0140

ソ連という実験

国家が管理する民主主義は可能か

松戸清裕

一党制でありながら、政権は民意を無視して政治を行うことはできなかった。国民との対話や社会との協働を模索しながらも失敗を繰り返したソ連の姿を描く。

筑摩選書 0141

「働く青年」と教養の戦後史

「人生雑誌」と読者のゆくえ

福間良明

経済的な理由で進学を断念し、仕事に就いた若者たち。知的世界への憧れと反発。孤独な彼ら彼女らを支え、結びつけた昭和の「人生雑誌」。その盛衰を描き出す！

筑摩選書 0142

徹底検証　日本の右傾化

塚田穂高　編著

日本会議、ヘイトスピーチ、改憲、草の根保守、「慰安婦報道」……。現代日本の「右傾化」を、ジャーナリストから研究者まで第一級の著者が多角的に検証！

筑摩選書 0146

帝国軍人の弁明

エリート軍人の自伝・回想録を読む

保阪正康

昭和陸軍の軍人たちは何を考え、どう行動し、それを後世にどう書き残したか。当事者自身の筆による自伝・回想・証言を、多面的に検証しながら読み解く試み。

筑摩選書 0149

文明としての徳川日本

一六〇三—一八五三年

芳賀徹

「徳川の平和」はどのような文化的達成を成し遂げたのか。琳派から本草学、蕪村、芭蕉を経て白石や玄白、源内、崋山まで、比較文化史の第一人者が縦横に物語る。

筑摩選書 0150

憲法と世論

戦後日本人は憲法とどう向き合ってきたのか

境家史郎

憲法に対し日本人は、いかなる態度を取ってきただろうか。世論調査を徹底分析することで通説を覆し、憲法観の変遷を鮮明に浮かび上がらせた、比類なき労作！

筑摩選書
0151
神と革命
ロシア革命の知られざる真実
下斗米伸夫
ロシア革命が成就する上で、異端の宗派が大きな役割を果たしていた！　無神論を国是とするソ連時代の封印を解き、革命のダイナミズムを初めて明らかにする。

筑摩選書
0152
陸軍中野学校
「秘密工作員」養成機関の実像
山本武利
日本初のインテリジェンス専門機関を記した公文書が新たに発見された。諜略研究の第一人者が当時の秘密戦工作の全貌に迫り史的意義を検証する、研究書決定版。

筑摩選書
0153
貧困の戦後史
貧困の「かたち」はどう変わったのか
岩田正美
敗戦直後の戦災孤児や浮浪者、経済成長下のスラムや寄せ場、消費社会の中のホームレスやシングルマザーなど、貧困の「かたち」の変容を浮かび上がらせた労作！

筑摩選書
0154
1968〔1〕文化
四方田犬彦 編著
1968〜72年の5年間、映画、演劇、音楽、写真、舞踏、流行、図像、雑誌の領域で生じていた現象を前景化し、歴史的記憶として差し出す。写真資料満載。

筑摩選書
0155
1968〔2〕文学
四方田犬彦／福間健二 編著
三島由紀夫、鈴木いづみ、土方巽、澁澤龍彥……。文化の〈異端者〉たちが遺した詩、小説、評論などを収録。反時代的な思想と美学を深く味わうアンソロジー。

筑摩選書
0156
1968〔3〕漫画
四方田犬彦／中条省平 編著
実験的であること、前衛的であること、アンダーグラウンドであること。それが漫画の基準だった——。第3巻では、時代の〈異端者〉たちが遺した漫画群を収録。